초판 발행   2025년 9월 19일
지은이   송보영
책임편집   오혜교
디자인   전이슬
펴낸곳   OHK
출판신고   2018년 11월 27일 제 2018-000084호
주소   경기도 파주시 회동길 219 2층
전화   1800-9386
이메일   soaprecord@gmail.com
홈페이지   www.r2publik.com

ISBN 979-11-94050-45-2(10600)

김치를 왜 그리냐면

송보영 지음

ohk

김치를 왜 그리냐면

송보영 지음

ohk

강가들 해 그러나면

차례

추천의 말 / 소나무 화가 임영우

들어가며

1장. 아로쉬지에 피어난 김치 꽃

4장. 엄마의 가족들

5장. 김치 작가의 선물

작품 해설

맑고 투명한 색채의 향연,

번짐과 물맛의 깊이 있는 느낌이 시리도록 좋았다.

신항섭(미술평론가)

책 출간을 축하하며

-소나무 화가 임영우

송보영 화백의 작품집 발간을 진심으로 축하드립니다.

그동안 온 정성을 다하여 가꾼 작품 세계를 다 볼 수는 없겠지만 부분적으로나마 관심이 있는 분들과 함께 출간을 통하여 볼 수 있어 자랑스럽습니다. 송 화백과의 친분을 쌓은 지 20년이 가까워지고 있으면서 김치를 그린 작가로서뿐만 아니라 남다른 도전 의식과 끈질긴 작가정신으로 일구어낸 그의 작품 세계를 지켜보고 있습니다.

작품은 김치를 소재로 거듭되는 창작 활동을 이어오고 있으며 그 또한 한국적 정서에 버무린 감칠맛 나는 김치와 같이 그 매력을 발산하고 있습니다. 작가는 훌륭한 작품이 우선이라지만 작가정신에 바탕이 되는 것은 진실과 순수성이 있어야 하는데 그 모두를 그대로 머금고 있습니다. 어렸을 때 어머니의 손맛을 양념과 함께 버무린 무와 배추가 아닌 색과 형태를 통한 작품으로 가족의 화목과 애정의 이미지까지도 담고 있습니다. 요즈음 전세계적으로 주목을 받은 한국의 모든 것을 표현하는 K-ART, K-Painter의 한 축을 김치 그림이라는 주제로 새로운 한국의 자랑이 되리라 믿고 있습니다.

앞으로 더욱 발전 있게 되시길 빕니다.

노오란 유채꽃처럼

'나 커서 진짜 화가가 되고 싶어.' 노오란 유채꽃을 바라보며 속으로 되뇌었다. 노란 유채꽃이 아스라이 그리움으로 피어났다. 어린 시절 품었던 그 꿈이 이제 그림이 되었다.

종갓집, 한옥, 대가족, 김장. 이런 추억들이 예술적 감수성으로 자라났다. 조용히 보이지 않는 곳에서 예술적 싹을 틈 틔우고 있었다.

'그래, 하면 돼. 할 수 있어!' 그 꿈은 현실과는 달라 잠시 묻히는 듯했지만, 돌고 돌아 결국 마음이 시키는 대로 그림을 그려냈다. 시간이 지나면서 그 꿈이 조금씩 현실에서 돋아나기 시작했다.

생각만 해서는 꿈일 뿐이지만, 노력하면 이룰 수 있는 것이 꿈이다. 그 꿈이 이제 자라나기 시작한다. 그림은 어렵고 지난한 시간과 마주해야 했지만, 그런데도 가슴이 뛰는 일을 할 수 있다는 사실 하나만으로 행복했다.

때로는 어렵고 지난한 시간이 나를 단단하게 해주는 누름돌이 되어주었다. '뜻이 있는 곳에 길이 있다'고 하지 않았던가. 나의 뜻과 마음은 언제나 그림에 있었다.

오직 한 길을 뚝심 있게 갈 수 있도록 조용하고 따뜻한 응원을 해준 가족의 깊은 사랑에 더욱 감사드린다. 그 사랑과 도움의 손길에 오늘의 내가 있음을 기억한다.

한때는 디자이너로 살아가고자 했으나, 내면의 소리에 귀 기울여 회화작가의 길로 들어선 것은 무모한 도전으로 보였을지 모르겠다. 하지만 늘 그리운 어머니의 손맛을 그리고 싶었다. 간절한 마음과 화가의 꿈이 내가 찾던 길이었기에 묵묵히 걸어왔다.

끝이 없는 길을 걸으며

좋아하지 않으면 할 수 없는, 끝이 없는 길이다. 현실은 어려웠지만, 그런데도 그 간절함은 어려울수록 그림에 시나브로 스며들었다.

어린 시절 엄마께서 하신 "끈기 있어, 잘할 거야"라는 한마디 말씀이 있었다. 고비고비 역경과 어려움이 있을 때마다 그 한마디는 자양분이 되었고, 새로 이어갈 수 있는 힘이 되었다.

또한 마중물이 되어주신 고 김철호 미술 선생님, 고 최홍열 선생님, 임영우 문화원장님, 지윤석 기자님, 신항섭 평론가 선생님, 수필가 정상옥 선생님, 함께한 화우님들과 문우님들, 은사이신 태양숙 선생님과 친구 한수정, 크로바 화실의 수강생들, 충북대 평생교육원 수강생들께 고마운 마음을 전하고 싶다.

'함께 가는 길이 멀리 갈 수 있다'고 해주신 임영우 계룡 문화원장님의 말씀을 항상 마음에 새겼다. 그러자 자연과 함께 사색하고 호흡했던 소중한 시간이 보였다. 나의 그림과 글에 사람의 마음이 담겨 녹여지니 새로운 심미안이 되었고, 창조의 에너지가 생겼다.

덕분에 가슴 뛰는 일을 꾸준히 할 수 있음을 감사하게 된다. 부족하고 서툰 글에서 간절함과 진정성을 읽어주시고 날개를 달아주신 리퍼블릭 미디어 출판사에 고마움을 전하고 싶다.

순간순간 그림에 집중하느라 살림에 부족한 나를 말없이 토닥토닥 응원해 준 고마운 가족과 지인들. 전시 때마다 찾아와 응원해 주신 소중한 인연들, 기획 전시로 불러주셔서 우리 문화를 소통하게 해주신 박물관, 미술관 관장님과 학예사님께 진심으로 감사드린다.

앞으로도 소중한 우리 문화로 소통할 수 있는 기회가 더 많았으면 좋겠다. 그림을 통해서 혹은 글을 통해서 만난 소중한 인연, 인생의 여정에 함께하는 소중한 분들께 두루 감사드린다. 겸허한 마음으로 초심을 기억할 것이다.

앞으로도 꾸준하게 김치라는 소재에 담긴 가족의 사랑과 '우리'라는 공동체의 소중함을 나누고 싶다. 엄마를 그리는 그리움을 그려 갈 것이다. 노오란 유채꽃의 순수하고 은은하며 맑은 빛을 피워내고 싶다.

천천히, 뜨겁게.

2025년 8월
작가 송보영

1
아로쉬지에
피어난 김치꽃

꽃길만 걸었다면
보지 못했을 풍경

그림을 그리는 작업은 자아의 발견이다. 새가 알을 까고 세상에 나오듯 고통과 어려움을 이겨내야 하는 과정으로 탄생이라고도 할 만하다. 번데기가 나비가 되어 날아 오르듯 새로운 꿈을 꾸는 것이다. 대상들 하나하나 자연의 아름다운 내면의 사고들이 그림에 고스란히 베어 나온다.

그리움을 그리는 작가

어릴 적에 그림 그리는 것이 좋아 끄적대기 시작하였고, 화가이신 두 분의 고모를 보면서 막연하나마 닮고 싶었다. 남아선호 사상이 짙은 유교 사상의 종갓집 송씨 집안에게서는 그림보다 먹고 사는 것을 권하셨다. 2남 5녀의 나로서는 그림 그리는 것을 업으로 삼기까지 참 어려운 선택이 있었다.

그래서 나는 부모님의 사견을 받아들이는 듯 디자인을 했다. 순수 미술을 하고 싶었지만 디자인을 하였고, 고등학교에 진학해서 미술 선생님께서는 미술반장인 나를 늘 '송 화백'이라 불러 주셨다. 대학교 졸업 작품전 때 교수님께서 순수미술을 했으면 더 좋았을 것 같다는 말씀 한마디에 나의 선택은 흔들리기도 했다.

예술은 우리 삶에서 깊이 들어갈수록 넓어진다고 말했듯 나이와 함께 비로소 삶을 보게 되고 자신의 내부를 보게 되는가보다. 나의 그림의 표정을 통해 초긴장 상태로 도달하기도 한다. 많은 경험과 나의 어머니의 기억을 통해 그리고 또 그리며 그리움을 그리는 작가로 조금씩 익어가고 있다.

어릴 적에 나에게 늘 끈기 있다는 말씀을 해주신 어머니 덕분에 입시 미술을 통해 미술대학을 들어갔고 입시생을 지도하고 미술학원을 시작했다. 미술학원을 통해 후학양성을 하면서 교학상장의 보람찬 순간도 있었다.

하지만 나의 그림에 대한 열정과 생각을 막을 수는 없었다. 그림을 그리는 순간이 가장 행복한 일임을 점차 깨닫게 되었다. 그즈음 시작할 충분한 용기와 확신이 들었다.

자연의 섭리 일깨우는 성찰의 은유

사물의 분명하고 정확한 묘사뿐만 아니라 단지 외관의 투영만이 진실이 아닌 것처럼 그림으로 향기로운 것들을 표현할 수 있는 매력에 빠져 들었다. 그런 가운데 그 오브제의 매력에 빠져들면 미지의 공간과 마주하게 된다.

보색의 매력, 미시와 거시의 세계를 오가는 구상과 비구상의 세계, 자연의 섭리를 일깨우는 철학적인 성찰을 은유한다.

좋아하는 사람보다 즐기는 사람을 이길 수 없다고 하였듯이 난 헤어 나올 수 없는 그림과의 짝사랑을 아직도 하고 있다.

남편과 가족이 건강을 챙기라 할 만큼 그림이 내 삶의 전부다. 금전적인 부담감이나 압박감도 있었고, 늦게 시작한 그림이 창조적인 작업을 하는데 어려움도 있었다.

하지만 어려움을 겪을수록 이를 통해서 '진정한 작품이란 무엇일까?'를 생각했고 또한 보통 사람으로 꾸준하게 부단한 노력의 결과를 믿고 절실히 느끼게 되었다.

나와 닮은 화가 동생이 걷는 이 길이 이제 지천명이 되어 엄마를 향한 그리움의 길이란걸 깨닫게 되었다. 그러한 그리움은 그림으로 스며들었고, 어머니가 이승의 끈을 놓기까지 아픈 손가락이던 자식들을 위하여 몸과 마음이 얼마나 힘드셨을까 생각하게 된다. 마음이 저려온다. 그 고단한 삶에 충실하셨던 모습에 감사와 존경의 마음을 드리고 싶다.

상상의 붓질이 꿈틀댄다

내가 주인이 되어 내가 좋아하는 것, 그것을 마음껏 표현하는 것이 좋아 늘 깨어있는 사고로 생각하며 끊임없이 정진했다. 힘들거나 어려움이 생기면 오히려 긍정적으로 생각을 화폭에 전환한다. 지난 치열했던 노력도 힘듦도 내겐 자양분이 되었다.

미술관과 박물관에서 기획초대전을 통해 나의 그림은 조금씩 익어가고 있었다. 우리의 문화라고 응원 해주시는 분들이 생겨났다.

비가 오면 비를 맞고 눈이 오면 눈을 맞고 꽃길만 걸었으면 보지 못했을 아름다운 세상에서 아픈 언니를 통해 그림이라는 커다란 선물을 받는다. 작지만 소중하고 아름다운 내면에 귀를 기울일 수 있어 그림 그리는 일이 참 좋다.

앞으로 나의 그림은 아픈 사람, 힘든 사람, 또는 우리의 문화를 사랑하는 많은 사람들에게 따뜻한 위안이 되고 싶다. 나는 늘 새로운 작품을 구상하는 작가다. 어릴 적 유채꽃도 있고 무 꽃도 있고 나비가 날고 있다. 무궁무진한 상상의 붓질이 화폭 안에서 꿈틀댄다.

다디단 쓴소리를 해주셨던
최홍열 선생님

내게는 나의 그림에 떠오르는 스승님이 한 분 계시다. 수채화의 대가이셨던 최홍열 선생님을 생각하면 안타깝고 아쉽고 감사한 마음이 든다. 이 시대의 진정한 작가로 오직 그림에 진심이었던 분이셨다는 생각이 든다.

예전에 '스승의 그림자도 밟지 않는다'는 말이 있다. 요즈음 아이들을 하나둘 낳다 보니까 자식에 대한 사랑과 관심이 지나쳐 선생님으로서 권위와 위치가 흔들리는 일이 있어 참 아쉽고 씁쓸하다.

그림에 대한 간절함, 목마름

돌이켜보면 세상이 참 많이 변했다지만 '지켜져야 하는 근본이 흔들리고 있는 건 아닐까?' 하는 마음에 안타깝게 느끼고 있다.

그림에 대한 간절함과 목마름으로 수채화를 그리는 중에 최홍열 선생님을 만났고 선생님께 찾아갔다. 선생님께서는 몸이 아파 병원에 입원해 오지 못할 정도가 아니면 결석을 용납하지 않는 고지식하시고 완고한 분이셨다.

그때는 자가운전을 하지 않은 상태라 청주에서 대전으로 매주 1번씩 내 몸처럼 큰 가방을 메고 다니는 것은 쉽지 않은 일이었다. 일주일 내내 수채화를 연구해서 한 점씩을 열심히 그려 갔었다.

하지만 '물맛이 나지 않는다.'며 더 열심히 하라시며 쓴소리를 하셨고, 수채화를 대하는 작가의 기본기를 제대로 가르쳐 주셨다. 좋아하는 그림이었기에 나는 쓴소리도 달고 귀했다.

뒤늦게 알게 된 선생님의 진심

성실히 그리는 것은 작가로서 기본 중에 기본이었다. 나는 점차 수채화에 눈을 뜨고 수채화가 어렵지만 할수록 매력에 빠지게 되었다. 선생님께 배울 수 있음이 감사했다.

진도를 나가며 나의 미적 안목과 수채화의 여러 가지 방법을 터득해 나갔다. 풍경 정물 인물 등을 그려 1년 반쯤 되었을까?

어느 날 집으로 돌아온 날 선생님께서 전화를 하셨다.

"오늘 그린 깍두기 그림, 좋아. 앞으로 쭈욱 그렇게 그리도록 해."

그 후 혼자 스스로 그림 세계를 찾아가라고 하셨다.

오지 말라셨다.

처음에는 그 말씀이 너무나 섭섭하고 아쉬웠다.

'좀 더 배워야 하는데... 내가 뭘 잘못한 거지? 네게 서운한 게 있으신 건가?'라는 생각만이 그득했다.

그런데 그걸 알게 된 건 한참 후였다.

최홍열 선생님께서 돌아가신 후, 내가 작가로서 바로 서게 되고서야 깨닫게 되었다.

'나를 스스로 서게 하셨던 거구나.'

돌이켜보면 스승님께 너무 송구하고 감사해서 눈물이 난다.

왜 김치를 그리냐면

각독기, 겉절이, 구동지, 그리고 달래 김치를 합쳐 10호 4점을 준비해서 전시에 함께 했다. 첫날에는 수업하느라 참여하지 못해 아쉬웠는데 각독기 그림에 대한 문의가 2건 있었다고 했다. 반가운 마음과 아쉬움이 있었지만 나름 기분이 좋았다.

깍두기 그림은 내가 제일 아끼는 그림이다. '각독기'는 깍두기의 옛 고어이다. 나에게 김치 그림의 시작이 되어 준 고마운 그림이다.

화실에서 그림을 배운 적이 있었다. 그림을 열심히 그리고 대전에서 청주로 돌아와 쉬고 있는데 문득 선생님께서 전화를 하셨다.

"깍두기 그림 좋더라"

워낙 그림에 대해서 진실하신 분이시고 완고하셔서 쉽게 칭찬을 안 하시는 분이라 나를 더욱 설레고 '심쿵' 하게 만들었다.

그런데 그 깍두기 그림 이후에 이제는 혼자 작가의 길로 열심히 가라고 하신다. 아낌없는 조언과 촌철살인의 당부의 말씀이 마지막 수업이 되었다.

깍두기 그림을 소장하겠다는 이들

이후로 나는 '김치를 평생 그려야겠다.'는 마음과 굳은 결의를 다질 수 있었다. 선생님의 칭찬 한마디가 용기를 가지는 계기가 되었다.

그런 마음이 하늘에 닿았을까. 그런데 이 깍두기 그림을 보고 돌아가신 엄마와의 음식이라며 그림을 보는 순간 눈물이 났다는 관람객이 찾아오셨다. 깍두기 그림을 소장하고 싶다고 하셨다.

나에게 '초심인 작품을 시집보내야 하나?'하고 망설이다가 '작품 가격이 맞지 않아 보내드리지 못한다'고 했다. 아니 자세하게는 '적정가라 드릴 수도 있었지만 나에게도 의미 있는 작품이라 쉬이 내어 드리지 못한다'고 양해를 바랐다는 말이 맞겠다. 아쉬움과 고마움이 지금까지 나의 그림에 버팀목이 되어준 듯싶다.

깍두기 그림은 내가 아이들을 가르칠 때, 한 학생이 "선생님 저 깍두기 엄청 싫어하는데, 그림 볼 때마다 입에서 침이 고여요" 라고 했다. 순간 나는 머리에서 가슴까지 짜릿하고 떨리는 감동이 밀려왔다. 아이의 순수한 말이 김치 작가의 길을 가는 내게 잔잔하지만 큰 울림으로 남아있다.

이 그림은 간절함과 진실한 마음. 어머니의 손맛을 기억하며 절절히 그려낸 사모곡 같은 그림임을 나는 기억한다. 그래서 고마운 수강생 아이, 고마운 컬렉터님에게 감사하며, 작가로서의 초심을 지킬 수 있는 소중한 경험 잊지 않을 것을 글로나마 전한다.

그렇게 나는 설익은 김치 맛부터 점차로 숙성된 김치 맛을 그려나갔고, 이제는 발효된 어머니의 사랑으로 김치 맛을 그림 맛을 알아가고 있다. 가끔은 깍두기를 담으며 초심을 돌아 본다.

*발효된 어머니의 사랑으로 김치 맛을 그림 맛을 알아가고 있다.
_'각독기'(53.0X 40,9 Watercolor on paper)

누구나 할 수 있지만
아무나 할 수 없는 일.

2013년 여름쯤, 사라져 가는 것을 주로 그렸다. 담배 건조장, 발동기 피대가 있던 방앗간. 대장간. 옹기 만드시는 분. 세월이 지나면서 차츰 사라져 가는 것들. 하지만 세월이 치덕치덕 쌓아둔 아쉬움이 너무 아름다워 그림에다 담아두고 있었다.

털털거리는 방앗간, 지이잉 울리는 대장간, 그리고 탁탁 나무 두드리는 소리가 나던 옹기장의 손길과 소리 들을 사진 속에 다 담지 못한 아쉬움을 수채화에 담기도 했다.

죽는 날까지 옹기를 만들겠다는 장인

기왕 출사 나갈 거라면 나를 설레게 하는 곳이어야 했다. 카메라를 메고 청주시 흥덕구 봉산리에 있는 무형문화재 제12호 박재환 어르신을 뵈러 갔다. 봉산리는 청주시 미호강을 끼고 위치한 옹기 고장으로, 천주교 역사와 밀접한 관계가 있는 곳이다.

100년간 흙부터 천주교 백화 마단병이 놓이는 동안 옹기를 만들어온 흔적이 고스란히 남아 있는 곳이다. 공장과 유적이 공존하고, 수많은 전통이 숨 쉬는 이곳에서 80여 년생을 살아온 박재환 장인은 검소하고 성실한 기품이 느껴지는 분이셨다.

출사 갔던 날은 유독 무덥고 더웠다. 그날 그런 날씨만큼 시원한 매실주스를 내어 주시던 모습이 기억에 선하다.

200년 가업을 잇는 전통 방식의 옹기를 만드는 그를 한 번이라도 보면 단번에 한길을 묵묵히 가신 분이란 걸 알 수 있을 것이다. 수수한 옷차림과 묵묵한 손놀림은 물론, 담담한 표정에서 '죽는 날 까지 옹기를 만들고 싶다'는 말조차 자연스러워 보였다.

요즘은 플라스틱처럼 가볍고 질긴 용기가 많이 나와 옹기 만드는 일 이 쉽지 않다고 하셨다. 잘 만들어진 옹기가 불 속에서 옹기로 나오기까지 수많은 과정과 수고로움이 고스란히 느껴지는 작업이었다.

　100년을 담아도 변하지 않는 옹기는 그 작업이 까다로움과 공들임에 후계자를 키워 전통을 잇도록 하는 것이 어려운 듯했다. 그날이 2017년 오송 생명 과학 단지로 이주하면서 본 장인과의 마지막 만남이 되었다.

　몇 번의 출사를 더 다니면서 동영상 인터뷰와 함께 옹기의 제작 과정과 불에 대한 얘기. 그리고 건조기, 밑 가마, 태림 식 굽기의 차이, 수레 질, 갈기질 대림 접합과 갈기질 방법을 들었다. 이후에 들으니 문의 문화재단지에 옹기전수관에서 아들 박성일이 가업을 이어가고 있었는데 궁금하기는 하다.
　하지만 박재환 장인이 한길을 묵묵히 소리 없이 걸어온 장인정신은 나에게도 선명하게 남아있다. 우리 문화의 소중함과 인생의 마지막까지 가마를 지키시고 싶다는 말씀은 누구나 할 수 있지만 아무나 할 수 없는 일을 하는 사람이 장인이라는 것을 보여준다.

그런 장인들의 숨결은 한결같이 무언가를 지켜가고 있었다.

그런 장인들에 동화되어 나도 내가 지켜야 할 간절함을 찾기 시작한 날이다.

박재환 장인의 유약은 천연유약으로 콩 메주 콩가루 나뭇잎을 태워서 숙성시킨 후 고운 채에 여러 번 걸러 쓴다고 하셨다. 그래서 장인의 손길에서 태어난 유약이 그날은 유난히 고와 보였나 보다.

튀김소보루보다 매력적인,
정영복 미술 공간

대전 은행동에는 부드럽고 온화한 색감이 화폭에서 춤을 춘다. 화폭에서 힘 있는 필체에 담백한 터치가 자유롭게 유영했다. 대가의 향기가 가득한 그림들이 나를 반겨 준다.

대전하면 보통 은행동에 성심당을 떠 올린다. 성심당 튀김소보루보다 망고 시루보다 더 나를 사로잡는 것이 있다.

은은한 도원향이 정영복 미술 공간에 있다.

여전히 그 향기가 그립다. 나에겐 친정집 다음으로 떠오르는 공간, 대전시 중구 중앙로112번길 29 중구청역에서 1번 출구로 376m, 이곳에는 사람 도원향으로 자꾸만 그리워지는 정영복 화백님의 갤러리가 있다.

그림에서 풍기는 '사람 냄새'

평소에도 늘 존경하는 선생님인데 그곳에 개소식에 갔을 때 곳곳에서 선생님의 그림에 대한 열정과 노력과 성실함이 실로 놀라움 그 자체였다.

"우와~~~ 너무 멋지다." 이런 걸 볼 수 있음이 너무 소중하고 감사했다.

선생님의 묵묵히 걸어오신 그 길에, 뚝심 있게 외길에 성실히 답하신 모습에 문화의 꽃이 피어나는 느낌을 받았다.

1층과 2층은 갤러리, 3층은 선생님의 작업 공간, 4층은 화실, 정갈하게 깔끔하게 잘 정돈되어 되어 있는 공간이 마음을 사로잡았다.

오직 그림만을 바로 보고 묵묵히 그려 오신 발자취를 보는 일이 감사하고 행복했다. 오랜만에 '사람 냄새'가 났다. 그저 이런 작가님이 우리 곁에 있음이 감사했다.

갤러리는 항상 정갈하고 누구에게나 열린 공간이었다. 갤러리 문화가 아직 익숙하지 않아서 일까. 이렇게 좋은 공간을 지척에 두고 무관심한 모습을 보니, 엄마가 늘 곁에 계셨을 때 효도하지 못한 내 모습처럼 느껴서 안타깝기만 하다.

하지만 차츰 사람들도 그 진가를 알아보고 먼 곳에서 찾아온다 하니, 문화의 장을 내어주신 정영복 선생님과 늘 보이지 않는 손길로 가꾸시고 돌보시는 김 미식 관장님께 감사드린다.

닮고 싶은 작가님, 화려하진 않아 더 담백하고 깊어서 오래가는 이 은은한 향기는 그분의 품성과 닮아 있다. 늘 온화한 미소로 따뜻하게 반겨주시고 작가로서의 자세를 이미 가르쳐 주시고 계신다. 좋은 작품과 좋은 사람 그것과 딱 어울리는 공간이라는 생각이 든다.
J 스페이스 '정영복 미술 공간' 대전의 떠오르는 명소가 되고 있다고 한다. 작품이 말해준다. 말없이 은은하고 깊은 향으로 남아 있다.

정영복 화백님께

선생님, 선생님께서 건강 하셔서 오래오래 우리 곁에 함께 하셨으면 좋겠습니다.

스승과 제자를 떠올리면, 정 영복 선생님과 김 미식 관장님 같은 사제지간을 떠올립니다. 오랫동안 신의를 지키고 좋은 관계로 나간다는 것은 두 분을 보면 아름다움이 떠오릅니다. 두 분의 인격과 품성의 너무 멋진 모습을 닮아 보자고 항상 다짐합니다.

그림으로도 서로 각자의 모습으로 깊게 작품세계를 이어 가시고 늘 성실하신 모습이 좋은 본보기가 되어 주시니 항상 감사합니다. 정말 아주 고맙다는 말씀 올리고 싶어 글을 남깁 니다.

선생님 뿐만 아니라 선생님의 향기가 스며든 '정영복 미술 공간'도 이제 선생님의 시간이 머물러 있어 배울 점이 참 많 은 곳입니다.

나를 설레게 하는 이곳이 더 많은 사람들에게 예술적인 소 양과 문화의 첫걸음이 될 것이라 믿습니다. 선생님이 베푸신 공간에서 항상 정진하겠습니다.

예술을 향한 정신이 은은한 도원향으로 이어질 미술관을 다녀오며
김치 작가 송보영

지윤석 기자님과의 인연

첫 번째 개인전을 시작으로 운 좋게 전시 때마다 인터뷰를 하게 되었다. 현장 인터뷰는 모 방송국에서 온 피디님과 카메라맨, 연출 등 세분이 오셨다.

처음 인터뷰를 받으려니 떨리고 설레는 마음 안에 살짝 두려움도 생겼다. 실수할까 봐 걱정되었고 떨려서 무슨 말을 했는지 기억이 나지 않았다.

현장 인터뷰 사전 질문지를 주셔서 다행히 인터뷰를 마쳤다. 잘 기억이 나지 않는다. 그래도 전혀 생각지 못한 새로운 경험이었다.

나온 방송을 보니 급한 성격과 떨리는 마음에서인지 말이 빠르다고 느꼈다. 아쉬움보다 주목 받는 일이 얼마나 책임감과 무게감이 생기는 일인지 직접 체득했다.

좋은 기운을 전해주고 간 기자님

그 후 열심히 해야겠다는 마음이 들뜨면서도 마음대로 그려지지 않았다. 숨 고르기가 필요한 순간이었다.

우연한 기회에 파워코리아 경제지에 지윤석 기자님을 알게 되었다. 작가와 기자와의 인터뷰를 통해서 장수, 청주, 평택, 군산 등 을 와주셔서 전시장 풍경을 담아 주셨다.

그로 인해 나는 작가로서의 정체성과 우리 문화에 대한 자긍심을 꾸준히 지켜갈 수 있는 에너지를 얻게 되었다. 이런 좋은 기운을 얻게 됨이 참 아주 고마운 마음이다.

처음 내가 가는 이 길은 참 외롭고 고군분투의 연속이었다.

기자님은 내게 말했다.

"이대로 괜찮아요."

"잘 하시고 있네요."

아낌없는 응원과 격려를 해 주셨다.

유명하지도 않은 작가를 한길을 묵묵히 가는 김치 작가라고 응원해 주셔서 뚜벅뚜벅 가는데 큰 용기가 되었다. 진실하고 성실한 모습에서 기자에 대한 나의 사고가 얼마나 편협한 생각인지 부끄럽게 느껴지는 분이었다.

일로써 만났지만 작가의 마음을 편안하게 해주고 늘 성실한 기자님의 모습에서 파워코리아와의 신뢰는 더욱 견고해졌다. 내가 열심히 해서 부족한 나를 묵묵히 응원하고 지지해 준 파워코리아에게 선물 같은 작가가 되고 싶다.

그림을 좋아하는 나의 길이 늘 평탄한 길만은 아니다. 때로는 힘들고 돌아오는 길이지만 우리의 문화를 응원해 주신 파워코리아 대표님과 지 기자님. 번역 B/L. 인쇄 하나하나까지 모두 보이지 않는 손길에 감사드린다.

붓끝으로 담는 우리의 문화를 근성 있게 지켜 나가야겠다. 말에는 온도가 있다. 기자님의 말에는 신뢰와 긍정의 에너지로 나에게 반응한다. 소중한 우리 문화를 잘 지키고 잘 그리겠습니다. 고마워요, 지윤석 기자님

소나무 같은 작가

세 번째 개인전은 전시와 일이 많았다. 유난히 바쁜 1, 2월을 보냈다. 새로운 시도, 새로운 구상은 늘 고민이 깊다. 그림에 대해 연구할수록 그 깊이와 넓이가 심오하게 느껴졌다.

보이지 않은 길을 찾아가는 여정, 참 어렵고 고단하다. 누가 시키지 않았는데 그 길이 좋아서 간다.

솔향을 닮은 인연

그 여정에 고마운 분이 계시다. 현재 계룡 문화원장으로 계시는 대전 사생회 임영우 고문님이시다. 대전사생회 회장님으로 대전 사생회 기반을 다지시고 평생 교육자로 화가로 지금은 행정가로 문화 예술의 초석 같은 분이시다.

평생 소나무를 그리셨고 늘 웃는 모습으로 우리에게 따뜻한 마음을 베풀어 주셨다. 고문님의 작업실에 방문했을 때 곳곳에 배인 소나무 그림 속에 담긴 은은한 소나무 향이 오랫동안 마음 한 부분에 남았다.

노력과 열정, 성실한 작업으로 집안을 멋진 미술관으로 느껴지게 했다. 임영우 고문님은 오랜 작업은 소나무를 다시 보게 하는 감동으로 진하게 남았다.

누군가에게 김치는 단지 먹거리일지 몰라도 김치는 작가의 삶에 조각보처럼 한 조각 한 조각 삶의 부분을 그려내는 것이다. 그런 그림에 정체성을 잃지 말고 꾸준히 그리라고 응원해 주셨다.

세종보 오프닝에 오셔서, 소중한 우리 문화를 진정성 있게 그리는 송 보영 작가는 우리의 문화를 우리나라뿐 아니라 세계 속에 발돋움 하는 화가로 우뚝 서길 바란다고 하시며 응원과 격려의 말씀을 해주셨다. 우리 문화이니 만큼 미술관, 박물관에서 전시할 수 있기를 바란다고 하셨다.

나는 너무 감사해서 꼭 그런 작가가 되도록 노력해야겠다고 다짐했다. 그 후로 임영우 고문님 말씀처럼 미술관과 박물관의 초대 전시를 하는 기회가 우연히 찾아왔다.

"말에는 힘이 있다"

소나무를 평생 그리신 소나무 작가 임영우 화백님, 어쩌면 그분은 늘 푸른 소나무를 그리시면서 소나무의 마음을 점점 닮아가고 있으신 것 같다.

대전사생회의 고문님으로 지금은 계룡 문화원장님으로 문화의 꽃을 피우는 방법을 직접 보여주시고 계신다. 든든한 버팀목으로 함께 해주셔서 감사하다.

지금 나는 사생회 부회장으로 신입생들을 잘 다독여주고 원로 작가님들을 잘 섬기면서 사생회의 꼭 필요한 일꾼이 되도록 노력 할 것이다.

아름다운 자연을 색으로 노래하고 화폭에 담는 과정을 통해 소중하고 귀한 것을 배운다. 자연에 순응하며 소중한, 바람, 공기, 햇빛 등... 자연에서 배우고 느끼는 마음들을 통해 그림이 조금씩 익어감을 배운다.

오랜 역사와 전통을 가진 사생회를 통해 그림을 시작하는 작가들에게는 편안한 고향 같은 좋은 단체가 되길 바란다. 혼자 가는 길보다 함께 가는 길이 더 멀리 간다 했다. 나 혼자 가는 길이 아닌 함께 가는 길이다. 그곳에 솔향 가득한 사생회가 곁에 있다. 평생을 사생회와 함께 하신 원로작가님들께 감사의 인사를 드리고 싶다. 고맙습니다. 오래오래 우리 곁에 함께 해주세요.

가르치고 배우니
좋지 아니한가

나의 화실 수강생들은 모두 주경야독을 하는 부지런하고 성실한 분들이다. 열심히 자신의 일터에서 아이들을 가르치는 선생님, 유치원 원장님. 센터장. 사회 복지사. 어린이집 원장님, 의사 선생님, 직장인, 퇴직한 선생님 등 다양한 직업군에서 일하고 계신다.

열심히 일하시며 주 1회 꾸준히 수채화를 취미활동으로 하고 계신다.

일을 한 후에 저녁 시간은 피곤하고 쉬고 싶을 터인데,,,

학교 일이나 집안일이 있을 때 개인적인 일을 제외 하고는 모두 성실하고 열심히 하시는 모습이 참 보기 좋다.

문외한의 열정

처음에는 '그림에 문외한이라 될까요?'라고 망설이시던 분들도 조금씩 서서히 분위기에 스며들고 열심히 집중 하시게 된다.

나도 열심히 지도 하려고 노력하였고 전체적인 분위기가 좋으니 자연스럽게 이 시간을 기다린다고 하시는 분도 계시다.

바람직한 분위기다. 다들 아주 고맙다.

30대부터 70대까지 그림으로 소통하고 공감할 수 있음이 감사하다. 예전에 스승님께서 어렵지만 그림을 계속하여 그릴 때는 반드시 수강생 지도를 꾸준히 이어가는 것도 한 방법이라고 하셨던 말씀이 와닿는다.

경제적으로는 작아도 그보다 큰 것은 내게 꾸준히 나의 단점과 부족한 점을 살피는 계기가 된다는 점이다.

수강생 선생님들을 통해 나 또한 배우게 되는 점이 많다.

교학상장의 의미를 절실히 느낄 때가 많다. 젊은 선생님들에게는 빠른 정보와 흐름을 연세가 있는 선생님께는 삶에 지혜와 연륜을 배울 수 있는 좋은 시간이다.

교학상장(敎學相長)

'크로바 화실'이라고 이름 지은 것도 행복과 행운 우리 모두에게 있기를 바라는 마음일 것이다. 충북대학교 평생교육원 수강생 선생님들도 모두 열심히 하신다.

나 또한 즐겁고 활기찬 수업이 되도록 성의를 다한다.

피곤하고 지친 수강생들이 에너지가 되도록 그림으로 힐링 받을 수 있기를 소망한다.

화실에서는 연 1회 단체전을 하는 이유도 단합된 모습과 새로운 목표는 취미에서 전업 화가로 갈 수 있는 길이라는 생각이기 때문이다. 덕분에 분위기가 서로 챙겨주고 함께하는 모습이 참 좋다. 천천히 그리고 꾸준히 그들과의 동행이 아름답게 익어가길 바란다.

어렵고 힘든 길이지만 같이 가면 가볍다.

서서히 곰삭아 맛있는 김치처럼 우리의 동행이 서로에게 좋은 에너지로 전해지길 바란다.

담임 선생님과
미술 선생님

학창 시절 나에게는 늘 생각나는 고마운 은사님이 두 분 계시다. 대전 호수돈 여자 고등학교를 다니며 두 분을 만났다. 늘 고마운 분이셨다. 담임선생님과 미술 선생님.

한 분은 남들은 깐깐하시다고 어려워했지만 내게는 한없이 멋지고 젊으신 태양숙 선생님으로 지리를 가르치셨고 담임선생님이셨다. 또 고인이 되신 김철호 선생님은
나를 이끌어주신 미술 선생님이시다. 내 길을 열어 주셔서 감사의 말씀을 드리고 싶다.

먼저 담임선생님에게는 용기의 씨앗을 얻었다. 우리 반은 대다수가 예체능계 아이들이 대부분이었다. 개성이 뚜렷하고 강하다보니 여러 가지로 다양한 성격의 아이들이 참 많았다. 그 중 우리 반에서 두 명의 아이들이 나를 자꾸 힘들게 했다.

버팀목이 되어주셨던 선생님

불편하고 귀찮았지만 선생님께는 말씀드리지 않았고 묵묵히 학교 생활을 했다. 그림을 더 열심히 그리는 것으로 이겨 내리라 생각했던 차였다. 선생님께서 아이들의 불합리함을 보시고 아이들을 따끔하게 타일러 주셨다.

혹여라도 차후에 이런 상황을 보게 된다면 가만두지 않겠다고 엄포를 놓으셨다. 그 후로 거짓말처럼 그런 일은 사라졌다. 그런 선생님이 너무 멋지고 든든하게 느껴졌다.

이 일을 계기로 나는 더욱 열심히 그림을 그렸다. 학교에서는 미술 선생님이 불러주신 '송 화백'이라는 별호가 따라다녔다. 화실에서 밤늦게 까지 그림을 그리고 피곤해서 힘들 땐 인자한 미소로 나를 반겨 주셨다.

나에게는 가끔 토닥토닥"힘들지? 하셨던 말씀이 따뜻한 위로가 되어 주었다. 열심히 그리면 잘될 거라고. 너에게는 특별한 재능이 있다고.

그 말의 힘이 네게 작은 씨앗으로 자라나고 있음을 느낀다. 덕분에 나는 성실함과 자신감이 조용히 자리하게 되었다.

졸업 후에 두 번째 만남으로, 태양숙 선생님과는 사제의 연이 대를 이어갔다. 목원대학교 미대를 졸업 후 미술 교습소를 할 때, 우연히 친구를 통해 선생님과 연락이 되었다. 너무 반갑고 감사한데 선생님께서 "우리 집에 와서 우리 아이들 셋 미술을 지도 해줄 수 있겠니?"라고 하셨다.

그 후 몇 개월간 선생님의 아이들, 두 명의 딸과 아들 한 명을 가르치며, 아이들과 선생님과 소중한 추억을 가질 수 있었다. 선생님께서 수강료에 "밥 한 끼 사 먹어, 마음이야"~ 하셨다. 몇 번을 거절했지만 감사하게 받았다.

그런데 결혼 후 연락이 뜸해서 끊겼다. 우연한 기회에 같은 학교를 나온 사촌 여동생이 '태양숙 선생님이 언니 보고 싶다고' 하면서 내게 연락처를 알려 주었다.

마침 손녀딸을 돌봐주시느라 일산에 계시는 선생님께서 시립 도서관 비전 갤러리에 오셨다. 실로 오랜만에 반가운 해후였다. 친언니도 나랑 같은 학교를 나와서 언니의 안부를 물어 보셨다.

그림으로 맺어진 인연

이렇게 인연은 곳곳에서 보이지 않는 모습으로 이어져 있다. 전시 소식을 들으시고 한걸음에 찾아오셔서, 맛있는 식사와 소품까지 소장해 주셨다. 어찌나 반가웠는지.., 그림으로 맺어준 선물 같은 인연이다.

그 후 선생님의 막내아들 나의 제자, 선웅이는 서울대 박사과정을 졸업하고 반듯한 직장을 가진 멋진 재원으로 자라주어 결혼하는 모습은 나에게 또 다른 기쁨으로 다가왔다. 뿌듯하고 한없이 기뻤다.

한복을 입으신 선생님의 모습이 무척 곱고 아름다웠다. 스승과 제자의 인연으로 또한 선생님의 아이들을 지도할 수 있었던 것은 그림이 내게 준 소중한 경험이었다.

만날 인연은 반드시 만난다고 하던데... 돌고 돌아 찾아온 소중한 인연, 파워코리아 기자님께서 선생님과 나의 만남을 취재 해 주셨다.

"화가로서 길을 가는 나와 함께 그림 그리는 동생까지 잘 되길 바란다."고 하시고 아낌없는 응원을 해 주셨다.

"선생님 감사합니다. 고3 때 저를 믿어 주시고 잘할 거라 응원해 주셨지요? 그때 그 응원의 말씀 잊지 않고 문화를 그리는 작가로 천천히 익어 가겠습니다. 사랑합니다. 선생님"

2
그리움을
그리다

화우와 문우

새로운 도전은 늘 낯설고 힘들다. 그런데도 내가 글을 쓰기 시작하면서 나의 그림에서 자유로움이 깃들기 시작했다. 감사한 일이다. 고마움에 필요한 누군가에게도 조심스럽게 권해본다.

글과 그림은 모두 감정과 생각을 표현하는 예술적인 수단이지만 사용하는 언어와 전달 방식에서 분명한 차이가 있다. 그림을 그리는 사람을 화가, 글을 쓰는 사람을 작가라 한다. 글은 과가 현재 미래를 명시 가능하고, 그림은 순간이지만 누적된 정서를 정지화면처럼 포착하여 나타낸다.

글은 언어, 문장, 단어를 문맥과 문법에 맞게 자세하게 구현하며, 글은 논리적이고 서술적이다. 그래서 글은 설명과 해석이 강하다. 반면에 그림은 선, 색, 형태, 구도를 통해 시각적이고 감각적으로 이미지를 전달한다. 그림은 감성적이고 직관적이다. 그러니 그림은 직관과 감성 전달에 쉽다.

글과 그림의 두 매개체가 함께 사용될 때 더 큰 시너지가 나기도 한다. 그림에 작가 노트가 있는 것처럼 작가가 그림을 그릴 때 느낌. 생각, 또는 재료 및 마테에르 등의 작업에 대한 단상을 적기도 한다. 또한 그림 에세이, 동화책, 그래픽 등이 있다.

그림과 글의 매력

결국은 두 매개체는 사람의 감성을 촉촉하게 적셔주고 따스하게 위로해 주는 매력이 있다. 잘 읽은 책 한 권이 인생의 길잡이가 되고, 마음을 움직이는 그림 한 점이 조용한 위안이 될 수 있다.

나는 그림을 통해서 그림을 좋아하는 많은 사람들을 만났고 에너지를 받았다. 때로는 힘들고 외로운 길이지만 서로에게 버팀목이 돼 주었고 힘이 되었다. 나아가 새롭게 글을 쓰면서 만난 소중한 인연도 내게 새로운 향기로 나를 채워준다. 그림만 그리고 살았으면 몰랐을 새로운 세계였지만, 문우들을 통해 새로운 나를 만난다.

어딘가에 숨겨져 있는 나의 예술적 본능을 깨워주고 심미안을 느끼게 해주는 소중한 글에 고마움을 느낀다. 그래서 누군가 '삶의 방향성을 잃어 어떻게 해야 할까?'라고 묻는다면 나는 그림이나 글쓰기를 권장하고 싶다. '나를 발견하고 이정표가 되어준다는 일'을 경험해 보았기에 자신 있게 추천하고 싶다. 내 안의 나를 발견하고 찾으실 것이다. 그림과 글이 친구가 되어줄 것이라 믿는다.

첫 개인전을 마치고

가슴 설레는 소재를 찾아 그림을 그렸다. 사라져가는 문화도 그리고 연구하다 보니 시나브로 그리움이 되살아났다. 또한 마음이 움직이는 대로 그중에서 찾아낸 김치를 그렸다. 그러면서 이 소재는 평생을 해도 좋을 것이라는 느낌이 들었다.

알면 알수록 그리면 그릴수록 부족함이 느껴졌고, 그림에 대한 갈증과 목마름이 나를 조금씩 조금씩 성장시켜 주었다.

간절함이 하늘에 닿았을까?

　나의 작은 바람이고 소망했던 일들이 뜻밖에 기회로 이루어졌다.
우연히 들른 인사동에 갤러리에서 신진 작가를 선정한다는 소식을
접했다.
　그동안 작업해 온 김치 그림으로 이메일로 응모하였더니 얼마 후
선정되었다고 연락이 왔다.

　'우와~ 나에게 이런 기회가 오다니!'

첫 개인전의 감동

인사동에서 반드시 해야 하는 명분이 생긴 것이다. 대관료 50퍼센트 지원, 홍보 및 전단 엽서 지원을 받았다.

첫 번째 개인전이라 설렘과 두려움이 가득했다. 소책자 700부, 게스트하우스 예약. 작품 반입과 반출, 개회식 전시장 지킴이는 모두 작가가 준비해야 할 몫이다.

첫 개인전을 가족, 친지, 화우, 선배 작가님, 그리고 전시장을 찾아주신 방문객님들 덕분에 시간이 참 빠르게 지나갔다.

둘째 날에 〈TV 조선〉 〈아트코리아〉 방송에서 인터뷰를 처음 해봤다. 너무나 뜻밖이면서 색다른 경험이었다. 얼떨떨 하고 뜻밖의 일이라 가슴이 두근거리고 정신이 없었다.

인사동 에서 알게 된 인천의 한 작가님이 '엄마의 손맛을 그리다'라는 제목으로 블로그에 올려주셨다. 하루 종일 전시장을 지키니 저녁만 되면 온몸이 나른하고 피곤했다. 그래도 그 피곤마저 행복했다.

이른 아침 일찍 일어나 브런치도 맛보고 인사 동 쌈지길도 거닐어 보고, 다른 작가님 전시장도 들르고, 인사동 맛집도 가보고 했다. 모든 것이 색다른 경험이었고 낯설지만 색다른 즐거움이었다.

역시 인사 동은 문화예술의 메카일 만큼 역동적이고 살아 움직이는 곳임을 실감했다.

누군가는 '김치를 왜 그리느냐? 돈이 되는 걸 그려야지'라고 하신다.

내 대답은 한결같다. '우리 문화가 좋아서'라고 대답한다. 내가 좋아하는 문화를 선택하였지만 앞으로 나의 예술창작의 길에 어려움은 곳곳에 있을 것이다.

나는 내가 하고 있는 김치에 대해 성실히 노력하고 연구할 것이다.

가장 하고 싶고 '가슴 설레는 일'이니까.

인사동에 화려한 현대적인 조명과 전통적인 기와의 조화는 누가 보아도 설레게 하는 아름다움을 뿜어내는 것 같다.

첫 번째 초대전

청주 집 근처에 위치한 속 플러스 내과는 남편이 자주 가는 단골 내과이다. 어느 날 진료 중에 병원에 그림에 많다고 했더니, 의사 선생님께서 그림을 좋아한다고 하셨다. 남편은 얼른 '제 아내가 화가예요.'라고 했다.

그림이 궁금하다고 하셔서 보여 드렸더니 병원에서 초대전을 하고 싶은데 가능한 지 여쭤보라고 하셨다. 집에 들어온 남편은 집도 가깝고 하니 해 보는 게 어떤지 묻는다.

나의 첫 번째 전시를 계기로 대전에 있는 작가들의 전시를 2년 동안 유치하는 큐레이터 같은 역할을 하며 작가들과 시야를 넓히게 되었다.

병원 초대전이 이어지다

그렇게 나의 첫 번째 전시를 병원으로 하고 나니, 논산제일 치과, 대전 예치과 등 병원에서의 초대전이 이어졌던 것 같다.

전시를 마칠 쯤 병원에 오신 손님 중에 한 분이 전시작을 보고 또 다른 작품을 볼 수 있는지 연락이 왔다. 그리고 사업을 하시는 컬렉터님이 우리 집에 오셔서 작품을 보신 후 7~8점을 맘에 든다고 하신 후 나의 경력을 물어보셨다.

보리작가 박영대, 운보 김기창 화백. 서양화가 가국현 작가 외의 작품이 여러 점 있다고 하셨다. 그런 후 조금 망설이시더니 경력이 조금 아쉽다고 하셨다.

대한민국미술대전 초대작가, 또는 심사위원, 운영위원, 미술관 박물관에서 전시한 경력이 너무 없는 것 같아 생각해 본다고 하신 후에 가셨다. 아쉽지만 그렇게 작품 판매로 연결이 이어지지 않았다.

이일이 있었던 후 대전시전과 대한민국미술대전을 한해도 거르지 않고, 구상과 비구상을 넘나들며 고군분투 하며 그림에 집중하는 계기가 되었다. 인사동 개인전을 시작으로 나는 조금씩 초대전과 단체전을 병행하며 스케치도 꾸준히 다녔다.

전시 후 나는 산남동 두꺼비 신문 149호에 〈잊혀 가는 것에 활력을 불어 넣다〉라는 제목으로 전시 소식이 실리는 인터뷰를 했다. '가장 전통적인 것이 한국적인 것'이라며 다양한 작업으로 송보영의 이름이 드높아 지길 기원해준 박병준 기자님께 감사 드린다.

김치를 그리기 이전에 출사를 다니면서 자연에 대한 감사와 아름다움이 나를 감동하게 하였고 사라져가는 우리 문화의 소중함에 눈을 떴다. 감사하고 고마운 일이다.

그림을 선택하는 기준에는 여러 가지가 있다. 투자 목적, 소장 목적, 그림이 좋아서, 인테리어용 등이다. 투자 목적으로 소장하시는 분께는 그 작가의 경력이나 작품의 퀄리티, 인지도도 매우 중요한 것이다.

덕분에 나는 평생 가야 할 길에 작가로의 기본인 드로잉 및 공모전 경력은 갖춰야 함을 일찍이 알게 되어 다행이다. 지금은 그분이 말씀 하신 기본을 닦아놓으니 또 새로운 것이 보인다.

해외 전시, 해외 초대전, 레지던스, 등 폭넓고 다양한 시각으로 세계 속에 한국의 문화의 아름다움을 알리고 싶다. 그림으로 천천히 곰삭게 익어갈 것이다.

_김장재료 72.7X53(2021)

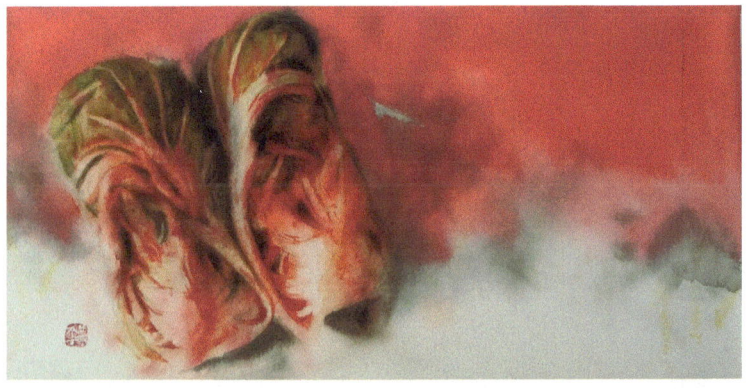

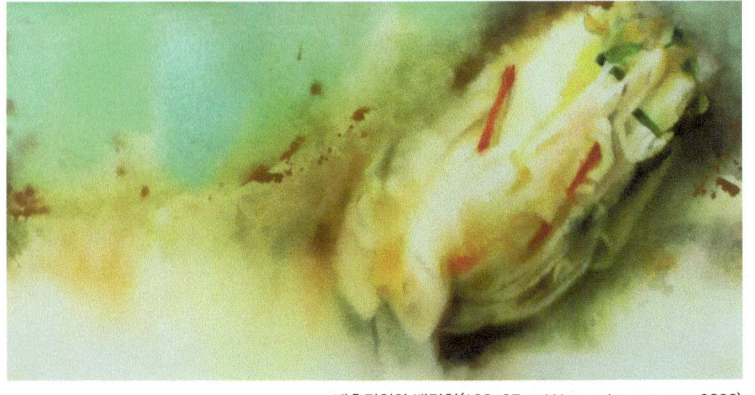

_배추김치와 백김치(100×25㎝ Watercolor on paper 2020)

작가 노트의 의미

'어휴~ 전시준비 다 끝났다. 또, 뭐가 남았지? 아하~~~~ 중요한 작가 노트가 있었네, 이번 에는 작가 노트를 어떻게 쓸까'

전시 준비를 하면서 내내 생각하고 고민했던 것들이 다 날아가고 차분히 책상에 앉아 고민을 한다. 작품이 시각의 언어이듯 노트는 작가의 자기소개서처럼 여겨진다.

작품관람을 위한 안내서

눈으로 볼 수 없는 작가의 노력, 열정, 수고로움이 담겨 있다. 색, 구성, 텍스쳐, 마티에르 등... 에 중점을 두고 작품의 주제나 그 배경 그리고 작가가 사용한 특별한 기법이나 작가의 생각과 마음을 자연스럽게 표현하는 것이다.

잘 설명된 노트는 작품에 미술적 가치를 높이고 더 많은 사람들이 작품에 대한 이해와 감상을 할 수 있도록 이끌어 준다. 이처럼 작가 노트는 작품관람을 위한 안내서이기도 하다.

작품을 하면서 느낀 단상들을 쓰기도 한다. 전시 준비를 하면서 준비하는 과정에 쓰기도 하고 작품을 다 완성하고 난 후 마무리를 하기도 한다.

작가 노트와 작품설명, 작품 네임 택, 작품 사이즈, 전시 제목, 전시에 필요한 현수막. 또는 베 너, 전단이나 도록 등 품목을 꼼꼼하게 챙긴다.

작품에 숨결을 불어넣기

전시 준비는 전시기획에서 작품반입, 오프닝, 작품 반출, 작품디피 등 다양한 과정이 필요하다. 개인전은 작가가 처음부터 마무리까지 모두 챙겨야 하며 전시장에 상주하는 경우가 많으며 단체전은 회원들과 의논하여 그 과정을 서로 나누어 한다.

처음에는 단체전을 한 점씩 해서 참여한 후 에 나중에는 개인전이나 초대전을 준비하여 하는 방법이 쉽다. 작가의 혼이 담긴 작품에 작가 노트로 숨결을 불어 넣어 준다.

그림을 그린 작가와 함께 관람객이 소통하고 공감하는 전시에서 작가는 내적 성장은 물론 작품이 향상되는 계기가 된다. 그림으로 노트로 작가는 말한다. 따뜻한 위로와 희망의 노래를

장수미술관 김치전
작가의 말

육십령 고개를 넘다 보면 본가에 다녀온다던 신랑을 기다리던 신부가 기다림으로 키웠을 것 같은 고랭지 배추가 꽃처럼 피어 있습니다. 돌아온 신랑을 기다리다 망부석이 되어버린 신부가 담았던 살얼음 동치미와 사과 물 김치 그리고 갓김치 특히 꽃처럼 피었던 고랭지 배추를 봅니다.

천연 양념과 버무려 동굴에서 자연 숙성한 김치의 깊은 맛은 어쩌면 기다림과 그리움의 맛일 겁니다. 그 어떤 음식보다 건강하게 장수 할 수 있는 마음이 담긴 소고 버섯, 매실, 까나리액젓, 새우젓을 배합하여 밥상 위에 올려주고 싶은 정성일 것입니다.

아마도 이런 신부의 마음이 가족을 위해 김치를 담그는 우리네 어머니들의 마음일 듯합니다.

작가는 장수 김치전에서 배추꽃들을 피워 도회지로 나간 자식이 건강하게 찾아오길 바라고 기다리시는 우리 어머니들께 바치고자 합니다.

수상으로 자만하지 않길,
낙선으로 실망하지 않길

'어떤 작품을 내야 하지'

사람들은 수없이 많은 공모전을 마주한다. 처음에는 어떻게 준비하고 준비해야 하는 지 많이 망설이고 고민하게 된다. 여지 저기 많은 공모전을 내는 것보다 자신에게 맞는 공모전에 선택과 집중을 하면 좋다.

그림은 꾸준히 하는 것이니 열심히 그리다 보면 조금씩 방법과 길이 보인다. 여기저기 하는 방법보다 천천히 서두르지 말고 차분하게 하나씩 도전해 보기를 권한다.

처음에는 10호로 시작하는 공모전에서 20호, 30호, 50호나 60호, 100호 등 작품의 호수와 응모요건에 따라 다르다. 차분히 공모요강을 읽어보고 실수가 되지 않도록 준비한다.

작가 싸인을 안 해서 혹은 서류가 빠져 낙선하는 경우도 있다. 작품제작, 응모서류작성, 액자제작, 작품 운송 등을 해야 한다.

진정성 있는 작품

소재 선택에 대해서는 평범한 소재보다 차별화되는 색 다른 소재나 밀도 있고 성의 있는 그림을 그리면 좋다. 진정성 있는 작품으로 녹여낸 작품이어야 한다. 구도나 재질, 표현기법에도 신경 써서 창의력이 돋보이면 좋다.

작품의 수상에 연연하기보다 참가해서 작품의 다양한 모습의 장단점을 살펴보고 작품을 향상시키는 태도가 중요하다. 작품의 보이는 부분도 중요하지만 내면에 충실한 작품을 그려야 한다.

그림은 한 그루의 나무이지만 숲이 되어야 한다. 조화롭고 건강한 숲이 잘 되기 위해서는 숲을 잘 가꾸는 나무 의사가 되어야 한다. 성실하고 꾸준한 태도 가 중요하다. 급하게 서두르지 않으며 천천히 꾸준하게 가꾸어가길 바란다.

내가 그림을 심사할 때의 기준은 기본에 충실하고, 작가의 생각이 잘 들어나는 그림이 좋다. 무엇을 나타냈는지 잘 모르는 그림보다 주제가 확실하게 표현되거나 색감이나 구도가 좋은 그림, 노력과 정성이 깃든 그림은 매우 좋다.

전체 숲의 조화를 생각해 보고 멋진 숲이 되도록 하는 것이 좋다. 공모전의 수상이 작가에는 기쁨과 영광이 되지만 낙선으로 인해 의기소침 하거나 실망하지 않기를 바란다.

수상으로 자만하지 않기를. 낙선으로 실망하지 않기를 바란다.

살다 보면 좋은 일도 있을 수 있고 힘든 일도 있다. 그림을 통해서 얻는 기쁨은 참 많다. 새로운 것을 창조하는 어려움도 있지만, 어려움 속에 피어난 작품을 보면 그림이 작가 자신을 위로해 주기도 한다.

그림을 그리며 즐거웠고 그림을 통해 마음이 풍요로워 지는 일, 그것만으로도 충분히 가치가 있다고 생각한다.

공모전을 통해 부족한 부분을 채우고 덜어내고 자신의 작품을 객관적으로 바라보고 튼튼한 나무가 되도록 성장시키기를 바란다.

나 또한 공모전을 입상과 낙선의 경험을 통해 그림을 알아가고 있다. 때로는 흔들리고 힘들지라도 그 힘듦이 작가를 성장 시키고 좋은 작품을 하게 하는 원동력이 된다는 것을 기억하자.

'인생은 짧지만 예술은 길다.' 하였다. 공모전은 잘 하면 약이 되고 잘못 하면 독이 된다.

어렵고 힘들 때에 최선을 다했는지 자신을 되돌아보고 후회 없이 노력하길 바란다. 나의 작품이 누군가에게 희망의 씨가 되어 잘 피워진 꽃으로 피어나길 바란다. 최선을 다하면 길이 보인다. 희망이라는 길이~~~

처음부터
좋아서 시작한 일이니까

"육신의 고통이 정신을 맑게 하지요. 대작 두 점씩 이나 역시~"
소순희 작가님의 따뜻한 응원의 메시지 가 큰 힘이 되었다.

그림을 그리는 일.
돌이켜 보면 모든 일이 나로부터였고 내 선택이었다.

'그림을 그리면 무엇이 나오냐?'고 물어오는 사람들이 있다. 경제적인 것이 더 중요하다고 말씀하시는 분이 대다수였다. 맞다. 그림을 그리려면 미술 재료, 그릴 장소, 전시 준비, 액자 비, 운송비, 디피와 그밖에 모든 것이 경제적인 것에 연관되어 있음을 생각한다. 특히 전시 때 마다 절감한다.

좋아서 시작한 그림이니 모든 것을 작가가 감내하여야 한다.

2012년 그림이 내게 돌고 돌아 가슴속으로 깊숙이 들어왔다. 간절하고 절박한 마음으로 그림을 그리기 시작했다. 엄마가 돌아가시고 더욱 더 그리움을 그림으로 표현하여 슬픔을 아로쉬지에 쏟아내고 싶었다.

형상이 없지만 존재하는 것

망설이면서 몇 년을 생각하다가 용기 내어 시작하였다. 더욱이 그것은 내가 전공한 분야가 아닌 수채화라는 장르로 새로 시작하려는 생각이었다. 2012년 아크릴을 혼자 하다 2013년 수채화를 배우기 시작하여 3개월 만에 남농미술대전에서 입선을 하였다.

2016년부터 지금까지 꾸준히 시전과 국전을 내고, 매년 1회의 개인전이나 초대전을 루틴으로 지켜왔다. 입술이 부르트고 입안이 헐고 국전 준비를 했던 기억은 그저 좋아하지 않으면 상상할 수 없는 고된 일이었다.

붓만 잡으면 어디서 그런 초인적인 힘이 나온 건지 나 자신도 모르겠다. 하지만 지난한 시간 동안 한 번도 믿어 의심치 않았다. 우리 문화를 그리는 일, 그것이 엄마를 향한 사모곡이었고 내가 가장 하고 싶고 좋아하는 일이었기에 가능했다.

불가능을 가능하게 하는 건 끊임없는 노력과 성실함은 내게 건강을 주신 하나님의 은혜라고 생각한다.

김치의 구상과 김치 유산균의 비구상을 넘나들며 '무엇이 회화적이고 현대적인 감각으로 이끌어낼 것인가? 늘 고민하게 된다. 부족함이 많아서 더 많이 노력하고 집중할 수 밖에 없었다.

때론 방과 후 수업과 공공프로젝트와 미술 프로젝트를 통해 새로운 나와 객관적인 사고를 배울 수 있었다. 사생회와 구상작가 협회를 통해 소통하면서 유연한 사고를 갖게 되었다.

새로운 그림을 탄생시키는 고민은 우화처럼 늘 어려움을 동반하는 일이지만 그런데도 그림이 좋다. 나의 하루가 별보다 빛나길, 꽃처럼 피어나길 소망하며 나의 부족함을 가장 많이 아셨던 엄마께서는 단점보다 끈기가 있다고 응원하여 주셨다. 그런 믿음 하나가 나를 서있게 또 걷게 했다.

아무것도 모르고 시작하는 내게 한 걸음 한 걸음 인도 하신 하나님의 사랑과 늘 곁에서 같은 길을 가는 동생의 촌철살인의 따뜻한 응원이 아니었을까 생각한다.

그림을 그리면서 때로는 힘들고 경제적인 것에는 자유롭지 못하다. 분명하게 알아야 할 것은 그것 또한 작가가 짊어지고 가야 할 몫이다. 하지만 그림을 그릴 때만큼은 가장 나답고 한없이 자유롭다. 그림을 그릴 수 있어 감사하고 또한 그리움을 그릴 수 있어 행복하다. 나의 그리움 속에 우리 문화가 있음이 더 좋다.

김치& 김치 유산균 작가 송보영!
가장 한국적이고 가장 그리움을 잘 표현하고 싶던 작가,
나는 부족함을 알기에 채워가는 것이 행복한 작가다.

감 그림이 갖고 싶어요

"송 작가님 잘 지내시죠. 부탁이 있는데 소품 한 점 부탁해도 될까요? 감 그림으로요."

"네, 한번 노력할게요."

항아리 소품을 세 점 소장해 주신 고마운 분이다. 아들이 '감 그림이 갖고 싶다'고 하여 '선물로 주고 싶다'고 하셨다. 그림도 그리기 전에 작품 값이 선입금되었다.

어떻게 그릴까 생각하기도 전이었다. 더욱이 완성된 작품이 아닌 채 선 입금이 부담감으로 살며시 다가왔다. 그림은 잘 그려질 수도 있고 마음먹은 대로 그려지지 않을 수도 있는데….컬렉터 생각에 부합되는 그림을 그리는 일이 낯설고 조심스러웠다.

사흘째 되던 날. 나는 조심스럽지만 솔직하게 컬렉터님께 전화를 드렸다.

"주문받아서 그리는 건 조금 부담이 돼서 안 될 것 같아요"

내가 좋아하는 그림만 그리고 싶다

어떤 그림이 나와도 괜찮다고 하셨다. 그 말씀이 오히려 아주 고맙지만, 부담감으로 더 다가왔다. 아드님이 원하는 작품이 아닐 수도 있다고 하며 정중한 거절의 의사를 보냈다.

마음만 받기로 하고 즉시 송금해 드렸다. 난 아직 돈을 받고 그림을 그리는 일에 익숙하지 못하다. 이미 그려진 그림은 괜찮다. 최선을 다한 스토리가 있는 그림이기 때문이다.

돈을 미리 받더라도 공공프로젝트나 객관성을 가진 일에는 괜찮은데...나의 그림 값을 정하는 일에는 아직도 낯설다. 더욱이 그림은 호불호가 있어 자신이 좋아하는 스타일을 선호 하고 선택하는 것이 좋다는 생각이다. 지인이라서 맘에 들지도 않는데 그냥 선택하는 상황이 더욱 더 불편한 일이다.

이런 소중한 경험을 통해 나는 작가의 입장. 컬렉터의 처지를 생각해 보았다. 그림을 주문 받았을 때 사진 200장 중에 2장을 선택하여 그리는 계기가 되었고, 최고보다 최선을 다해 진정성 있게 준비하는 계기가 되었다.

그림은 작가의 정체성

그 후로 더욱 마음 가는 대로 정성껏 감 그림을 그렸다. 어릴 적 마당 깊은 집 감나무로 7개의 감을 우리 7남매로 의미를 두어서 그렸고, 햇살 가득한 감을 회화적으로 그려 큰조카에게 주었다.

그림은 작가와의 정체성과 연결된다. 팔려는 그림이 결코 나쁜 것만은 아니다. 작가의 생계와 연결된 문제이기 때문이다. 다만 그저 팔려고만, 무조건, 이유 없이, 정체성 없이 그리는 것은 경계해야 하겠다.

한 점 한 점 정성과 노력으로 최선을 다하는 화가이고 싶다. 씨를 뿌리고 물을 주고 벌레를 잡아주고... 농부의 마음으로 작가는 화폭에서 그림으로 말을 한다. 색으로 천천히 뜨겁게.

어떻게 하면 마음 따뜻한
그림을 그릴 수 있을까

어릴 적 마당 깊은 집에는 노오란 유채꽃, 파꽃 부추꽃 마늘꽃, 무꽃 배추꽃이 가득했다. 텃밭에는 사시사철 꽃들로 피어난 먹거리가 피고 지기를 반복하며, 행복한 유년 시절을 보냈다.

가을이면 앞마당 펌프 앞에 산더미같이 수북한 배추를 마중물을 넣어 펌프질을 했던 추억이 가득하다. 김장독을 땅속에 묻어 배추김치, 총각김치, 동치미를 담그시던 종갓집 종부 이셨던 엄마가 계셨다.

아삭아삭한 동치미 무, 땅속에 파묻은 무로 끓여주신 무국, 살얼음 동동 시원한 동치미 텃마루에 턱 걸쳐 앉아 쭉쭉 찢어먹던 배추김치의 싱싱함과 쌉쌀한 파김치의 냄새가 이제는 하얀 아로쉬지에 그리움으로 번져 나간다.

어릴 적 추억과 이야기를 담았다.

그림 속에 그리움을 표현하기에 늘 목이 마르다.

내가 느끼는 그리움을 그림 속에 담아내기에 무언가 늘 부족함을 느낀다.

몽글몽글한 느낌에 때론 마음 한 편이 헛헛하기도 하고 애잔한 느낌이 화면의 색과 면을 채워 유산균의 형태를 통해 나의 생각을 그린다.

좋은 작품을 해야 한다는 책임감

어떻게 하면 마음 따뜻한 그림을 그릴 수 있을까? 여전히 어렵고 힘들지만 풀어나갈 과제이다.. 나 자신의 기대치가 높아서 일까? 아니면 늘 새로운 것을 창조해 나가는 어려움일까? 늘 익숙함보다 낯설고 서툴게만 생각된다.

이번 전시를 준비하는 과정에 허리가 아파서 침을 맞으며 수업과 그림을 병행했다. 한가지 자세를 오랫동안 해왔던 직업병 탓인지 허리가 똑바로 펴지지 않았다.

"어라~~~이를 어쩐담!" 순간 덜컥 겁이 났다.

아직도 제대로 된 작품을 그리지 못했는데....

다행히 침을 맞고 좋아져서 전시 준비를 할 수 있어 다행이다. 대한민국 미술대전 초대작가가 되어, 한편으로는 '좋은 작품을 해야 한다'는 무게감과 책임감이 더 커졌다.

한동안 머릿속이 멍해지고 가슴이 답답했다. 작가들은 흔히 마음을 비워야 작품이 잘 그려진다는데 조바심과 책임감은 쉽사리 비워지지 않았다. 이럴 때면 전시장을 투어 하든지 산책을 하며 음악을 듣는다.

이번에 초대작가가 된 후, 버킷리스트였던 평론을 받을 생각이었다. 수채화를 처음 시작 했을 초창기에 훗날 기회가 되면 이분께 꼭 받고 싶다고 생각했었던 평론가 선생님을 우연한 기회에 연락처를 알게 되어 평론을 부탁드렸다.

만날 인연은 반드시 만나게 되는 것 같다. 참으로 감사한 일이다. 평론가 신항섭 선생님께서 작업실로 오셨다. 설렘과 걱정했던 마음은 작품에 관한 대화를 하고 차를 마시며 담소하며 많은 도움으로 나를 돌아 보았다.

우리 문화를 꾸준히 그린 것에 대해서 또한 성실한 작업에 대해 아낌없는 조언과 격려를 해주셨다. '작품 좋았어요'라는 문자가 그렇게 반가운 일인지 새삼 감사하다.

'후유~, 다행이다'란 마음 뿐이었다. 신항섭 선생님 덕분에 나의 그림에 대한 객관적 평가와 또 다른 시각을 바라볼 수 있었다. 건강하게 지내온 시간의 소중함에 감사함으로 별도의 기도를 올리는 시간을 가졌다.

이번 전시를 준비하며 그림을 다시 시작하면서 가졌던 초심, 종갓집 종부이셨던 엄마와 나의 어릴 적 종갓집에서의 추억을 되짚어

보았다. 7남매의 넷째로 대가족 북작북작하던 어린 시절이 나의 그림 속에서 다시 꿈틀댔다.

  나 혼자만이 아닌 우리로, 나에게는 그림을 통해 행복을 나눌 수 있는 참 소중한 순간이다. 더불어 함께 사는 소박한 일상에서의 소확행으로 전시를 함께 했다. 관람객과의 대화는 소통과 공감하며 교감하는 시간으로 나를 확장시켜 주었다.

그리움이 그림이 되다.

그림을 그리면서 작은 소망이 있었다.

김치가 우리 문화이니 사설 갤러리가 아닌 미술관이나 박물관에서 전시하고 싶다는 바람이 있었다.

한 해에 60호 2~3작품, 100호 4작품을 하면서 그저 좋아서 한길만을 묵묵히 그려왔다. 좋아하는 일이 아니었다면 하지 못 했을 작업이다. 해마다 꾸준히 노력한 작업이 없었다면 어려웠을 것이다.

그러던 중에 나에게 뜻밖의 기회가 찾아왔다.

유기농 세계 산업 엑스포가 7년 만에 열리는데 충북 괴산에서 열린다는 것이다. 중원대 박물관 기획초대전으로 초대전 제의를 받고

중원대를 방문하였다. 이주희 관장님과 조미연 학예사님이 반갑게
맞이해 주셨다.

처음에는 박물관에서 전시하기로 말씀하셨다가, 작품을 보신 후
에 새로 개관하는 105평 미술관에서 전시를 하면 좋을 것 같다는
제안을 하셨다.

작가로서 105평의 전시장에서 개인전을 하는 건 흔치 않는 기회
이기도 하고, 또 다른 기회이기도 하였다.. 도록 제작 및 홍보, 작품
운송 및 디스플레이 오프닝 지원을 받았다. 신중에 신중을 기해 40
여 작품을 선정하고 이번 전시를 위해 메인 작품으로 400호를 준비
하기로 했다.

심사숙고하고 전시 준비에 최선을 다했다. 괴산의 배추와 고추를
메인으로 배추는 양념이 밴 붉은 배추꽃으로 고추는 초록 고추로
대비를 시키고 김치유산균은 손맛으로 이어지게 표현 하였다.

유기농엑스포의 큰 울타리와 괴산의 상징적인 배추와 고추를 자
연스럽게 연결하였다. 작업공간이 좁아 400호를 펼치니 세우고 눕
히기를 수십 번 하고 물 뿌려서 아로쉬지에 자연스럽게 발색 되도
록 물맛과 깊이를 더했다.

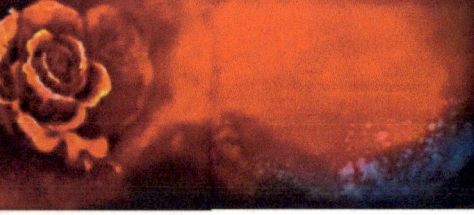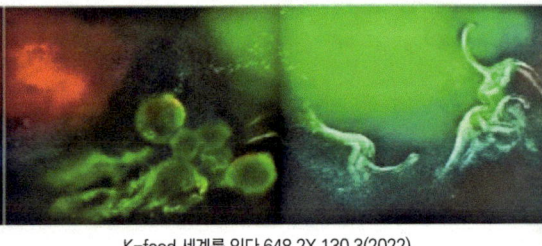

_K-food 세계를 잇다 648.2X 130,3(2022)

가족의 정성으로 시간의 흐름 속에 수천 년 동안 숙성된 김치는 우리의 문화이며 유산이다. 다양한 유산균은 건강함과 어머니의 사랑이다.

아버지의 손에서 자란 배추 어머니의 손맛을 정성껏 화폭(아로쉬지)에 담았다. 정성은 누름돌처럼 단단해진 가족애이다. 김장은 함께 담그는 것이기에 세계문화유산이 되었다.

한국의 맛, 김치를 그릴 수 있어 행복하다. 김치로 또한 우리 문화를 그리는 일로 나를 찾아간다. 나의 붓질은 김치를 통해 나를 발견하고, 그리움을 찾아가는 과정이다

3

서툴지만
솔직하게

나를 나답게 하는 길

엄마의 사랑이
김치를 그리게 하였고
그리움은
유산균으로 발효되었다.
아픈 만큼
힘든 만큼
숨은 깊어졌고
결은 더욱 선명해졌다.
마음이 이끄는 대로
그린 그림은
결국, 나를 찾아가는 길이었다.
그 길은
때론 어렵고
때론 막막했지만
보이지 않는 힘이
언제나 조용히 나를 이끌어 주었다.
아무도 가지 않은 길
두렵고 떨리는 길이었지만
나는 그 길을
말없이, 조용히 걸어간다.
한국의 작가로서,
한국의 김치를
그리고
가족의 사랑을 말할 수 있음이
행복하여
감사할수록
지금의 나를
가장 나답게 한다.

그림은 마음을 긁어서
표현하는 것

그림의 어원은 그리움이다. 선이나 색으로 긁는(그리는)것이 그림이라고 할 수 있다. 마음을 긁어서 표현하는 것이다.

작가이며 언어학자인 이어령은 연구를 인용해 글, 그림, 그리움이 긁는다는 것에서 파생된 단어라고 했다. 나의 그리움 시작은 엄마로부터다.

이 세상에서 가장 소중한 엄마는 18년 전 심근경색으로 돌아가셨다. 나는 허전하고 헛헛한 마음을 이루 말할 수 없었다. 나의 생각을 정리하고 몰두 할 수 있는 무언가가 절실히 필요했다.

그림이 업이 되다

그러던 어느 날 나는 남편에게 취미로 그림을 다시 시작하고 싶다고 말했더니 미술학원을 수년간 해왔던 연장선이라 흔쾌히 좋다고 하였다.

나는 취미라고 하였지만 속으로는 새롭게 시작한 수채화가 업이 되게 해달라고 간절하게 수없이 하나님께 간구했다. 그림은 늘 설렘과 두려움이 가득했다. 새로 시작한 만큼 각오도 달랐지만 현실은 늘 생각과 달랐다.

욕심을 부린다고 그림이 그려지는 것이 아니라 마음을 비우고 끊임없이 노력해도 쉽지 않았다. 때론 욕심이 그림에 묻어나서 힘이 들었다. 비우고 덜어 내는 일이 쉽지 않았다. 현실 세계의 나와 그림과도 별반 다르지 않음을 느끼게 되었다.

처음부터 그리움을 그리고 싶었지만 나의 그리움을 수채화로 풀어가는 방법이 무수히 많은데 어떻게 풀어가야 할 지가 큰 과제였다.

아날로그 식 그림

처음에는 주변에 있는 꽃, 풍경, 사물, 인물들을 그렸다. 그리고 조금씩 사라져가는 대장간, 담배건조장, 발동기 피대가 있는 방앗간, 옹기 만드시는 장인들을 직접 찾아가 양해를 구하고 사진을 찍어 그렸다. 시골에서 만난 나이 많으신 어르신의 땀방울과 짙은 주름이 삶의 흔적이 나를 뭉클하게 하였다.

요즘 같은 시대에 사진을 찍어 그리는 아날로그 방식을 택한 건 참 잘한 일이란 생각이다. 나는 내가 궁금한 것을 직접 찾아보고 사진으로 찍어서 자료를 구하고 그 순간의 느낌까지도 나름대로 그림에 담으려고 애썼다. 그것이 나의 그림을 성장시키는 가장 큰 원동력이 되었다. 사계절을 꾸준히 몇 년간 소재를 구하면서 많은 소재를 만났다.

오랜 세월이 주는 전통과의 만남이 내겐 낯설지 않고 익숙한 것이 종갓집에서 자란 나의 어릴 적 추억이 깃들어서 일 것이다. 추운 겨울 어렵게 찾아간 오송 봉산리 에서는 6대째 무형문화재 12호 옹기 명인 박재환 님을 뵐 수 있었다.

하얀 광목의 한복을 입으신 어르신의 모습과 그분과의 대화를 통해 우리 문화의 소중함과 옹기사랑과 전통을 느낄 수 있었다. 그 느낌이 좋아서 몇 번을 봉산리를 더 다녀왔다.

또한 논산의 대장장이 유오랑 어르신과 대를 잇는 아들의 모습을 통해 한길을 묵묵히 걸어오신 뚝심 있는 그분들의 삶에 감사의 마음이 들었다.

훗날 그 분이 돌아가신 후 내가 찍어드린 사진을 영정사진으로 쓰신 걸 알게 되었을 때 왠지 모를 애틋함과 먹먹함이 가득했던 기억이 있다. 그분과 아들의 모습을 찍어줘서 고맙다고 하셨던 모습이 가끔 생각난다.

때로는 항아리를 때로는 밤나무 꽃을

항아리를 무수히 많이 찍어와 그리면서 어릴 적 뒷마당에 추억과도 조우했다. 항아리를 그리고 또 그렸다, 때로는 밤나무 꽃을 200장 이상 찍으면 그리고 싶은 사진을 서 너 장 밖에 건질 수 없어 안타까운 적도 있었다.

자연은 내게 조건 없이 늘 새롭게 다가온다. 자연이 주는 무한한 상상력과 창의력은 이 때문이 아닌가 싶다. 한 달에 한 번씩 꾸준히 대전사생회 화우들과 야외스케치를 하면서 자연의 아름다움과 생명의 소중한 질서를 배울 수 있었다.

그렇게 5년 동안 차곡차곡 노력하여 나의 첫 번째 키워드는 그리움과 김치라는 생각이 들었다. 때론 힘들고 어려운 순간도 있었지만 내가 좋아하는 것을 할 수 있어서 잘 이겨내고 지내온 것 같다.

첫 번째 개인전은 꼭 인사동 갤러리에서 하고 싶었다. 나의 간절한 바람은 자연스러운 기회로 이루어졌다. 경제적인 부분이 우려되었지만 생각지도 않은 우연한 기회로 응모한 신진 작가로 선정되어 인사동 라메르 갤러리에서 개인전을 하게 되었다.

대관료 50퍼센트 지원, 홍보. 엽서 제작을 지원받았다. 게다가 우연히 찾아오신 기자님 덕에 〈TV조선〉 〈아트코리아〉 방송에서 처음으로 인터뷰를 라는 걸 하게 되어 가슴이 떨리고 설레는 색다른 경험도 해 보았다.

그 후 나는 자연과 소통하며 우리 문화인 김치를 그리움을 그리고 있다. 돌아가신 엄마가 주신 선물인 그림으로 늘 고민하고 노력하고 있다. 내가 그림을 만난 건 나에게 행운인 듯싶다.
나는 우리 문화가 참 좋다. 때론 힘들고 어렵지만 나는 이 길이 참 좋다. 그리움은 길이 되고 또 나에게 와서 그림으로 피어난다.

아름다움을 찾아서

'아름답다'의 '아름'이라는 말은 '나답다'를 뜻하는 말이다.

15세기 석보상절 (조선 전기 수양대군이 석가모니 일대기와 설법을 담아 편찬한 불교성전)에 나오는 말이다. 나는 곧잘 '내가 나다울 때 가장 아름답다.'라는 표현을 쓴다.

가장 나다운 것은 어떤 것일까?
나에게 자문해 본다.

진정한 아름다움은 남이 정한 기준이 아니라 있는 그대로 나를 표현하는 데서 온다는 것이다. 보통 사람은 예쁜 꽃이나 멋진 풍경을 주로 그림에 그린다. 나도 꽃이나 풍경이 아름답게 느껴진다.

하지만 화가의 길로 처음 내디딜 때 나는 눈으로 보기에 아름다운 소재보다 마음으로 다가오는 소재를 그리고 싶었다.

그리움을 내포한 소재로 한국적이며 나를 이끌게 하는 끌림이 있는 소재가 바로 김치였다. 눈으로 보이는 평범한 소재인 김치가 내 마음으로 들어온 것은 그곳에는 어머니가 계셨다.

그림을 그리면서 수없이 고민하고 생각해 보니 그리움으로 물든 나의 마음엔 종갓집 종부이셨던 엄마의 모습이 그런 엄마의 모습이 내 안에 스며있었다.

막연하나마 마음이 시키는 대로 김치를 그려 나갔고 그러다가 김치 유산균을 현미경으로 바라본 발효의 세계는 내게 신선한 충격이었다. 그것은 내가 구현하고 싶었던 심상의 세계이기도 했다. 아름다운 색감, 붓질은 내 마음이 움직임에 따라 때로는 조용히, 때로는 거세게 일렁이게 하였다.

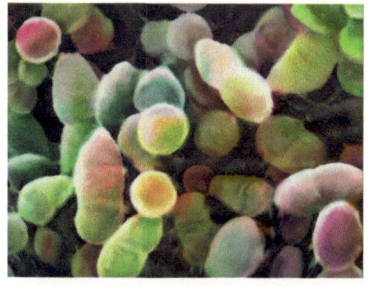
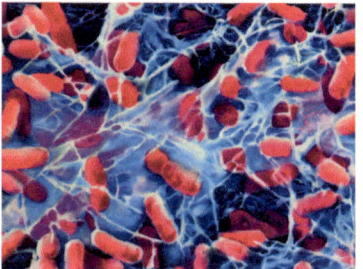
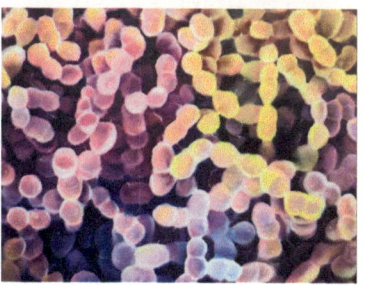

_필자의 작품들. 왼쪽 위부터
〈건강과 함께하는 문화 2020 비구상 입선 2020〉,
〈3,확산(김치 유산균) 비구상 입선 2018〉,
〈7,숙성 2021 비구상 입선 2021〉

　그러나 마음이 생각대로 그림이 그려지는 건 결코 아니었다. 수채
화는 쉽게 시작하지만 깊이 들어가면 물 조절이 쉽지 않음을 알 수
있다. 깊이 있는 물맛을 표현 하려면 수없이 많은 고민과 지난한 노
력 없이는 결코 쉽지 않은 작업이었다. 그림을 그릴 때 아크릴물감
이나 유화물감을 사용하는 서양화로 바꾸는 사람이 참 많은 것은
그런 이유다.

나는 수채화의 물성과 투명하고 맑은 표현을 참 좋아한다. 수채화도 물이 주는 물맛이 있기에 나는 지금까지 이 길을 수채화를 고집하는 편이다. 수채화의 맑고 투명한 것을 살리되 가볍게 나올 수 있는 부분이 있어서 물감의 양을 더해 때론 두껍고 되직하게 그려 유산균의 색이 보이도록 투명과 불투명을 넘나들기도 한다.

대부분 물감이 진해질 때는 과슈(불투명 물감)를 사용 하지만 나는 투명 수채화 물감과 황목 (아로쉬지 거친 것)을 주로 사용한다. 마음대로 되지 않는 것이 수채화의 가장 큰 매력이다.

손맛이 가미된 작품들

우리나라 김치 또한 그렇다. 외국인이 쉽게 모방할 수 없는 손맛이 가미된 결과이다. 게다가 김치는 수채화처럼 비를 맞고 자란 배추가 자연의 향기를 더 담는다. 더구나 노력에 따라 조금씩 곁을 내주고 그동안의 수고에 보답을 해주는 것이 마치 수채화 같다.

엄마가 담그셨던 김치를 담그며, 김치를 그리며, 환갑의 나이가 다가오고 있다. 가족을 위해 김치를 담그셨던 엄마의 사랑이 그림을 그리며 더 다양하고 깊게 느껴지고 있다. 그림과 김치는 나에게 가장 나다운 길로 걸어가도록 해준 고마운 존재다.

엄마처럼 가족 사랑의 아름다움을 찾아서 오늘도 작업실로 향하는 나의 발걸음은 가볍다.

2023년 대전 국제 아트쇼에
참가해서

코로나 해제 이후, 막내 동생과 나는 2023년 대전 국제 아트 쇼에 참여했다.

둘이 부스를 곁으로 해 달라고 요청했다. 예약을 해서 자매가 함께 나란히 하게 되어 든든하고 좋았다. 게다가 근처에 오경희(서양화가) 작가님까지 함께 할 수 있어서 기뻤다.

국내는 물론 해외작가들이 대거 참여하여 볼거리가 풍성했다. 세계 20여 개국과 120여 명의 지역 작가들이 함께 자리를 해서 눈길을 끌었다.

엄마들의 손맛과 정서

김치와 김치 유산균으로 아름다운 문화를 표현하였고 그림 속 에는 우리네 엄마들의 손맛과 정서가 곳곳에 살아 숨 쉰다. 눈으로 보이는 김치, 눈으로 보이지 않지만 살아 숨 쉬는 유산균을 통해 정성, 어머니의 노고가 고스란히 담겨있다.

동생은 아름다운 동행으로 매란국죽으로 주로 국화에 대한 스토리를 서양화로 담았다. 매란국죽으로 선비의 마음과 더불어 한국인의 정서를 알 수 있는 큰 힘이라는 걸 안다.

함께 가는 길이 멀리 갈 수 있다 했다. 서로의 부족함을 채우면서 부족함을 채워주고 더 끈끈해 지는걸 느낀다. 고흐의 동생 '테오'처럼 내게 늘 아낌없는 조언과 촌철살인의 직언을 해주는 고마운 동생이다.

CAM 방송 인터뷰. 파워코리아 인터뷰.... 지인들과 작가. 가족, 친지들 그리고 관람객의 응원과 격려에 감사드린다. 처음으로 동생과 함께 하니 보람되고 의미 있었다. 소중한 경험을 통해 더 많이 연구하고 노력하여 소중한 문화의 꽃을 피워야겠다.

소재를 찾아서

"누나~, 요즘 바빠? 혹시 밤꽃 한 작품 그려 줄 수 있어? 아는 지
인이 밤꽃이 그려진 그림이 필요하다는데..."

"그래. 어떤 스타일로 그리고 싶은 거야?"
"밤꽃에 벌이 많이 있는 모습을 그려주면 좋을 듯싶어."
"알겠어~ , 노력해 볼게"

때마침 밤꽃이 하나둘씩 피어나는 계절이었다. 이곳저곳 밤이 있
는 곳을 카메라를 메고 출사를 다녔다. 전체를 그릴 것인가, 부분적
인 부분을 크게 클로즈업 해서 그릴 것인가를 고민하다가 가까이
접사해서 찍어야겠다는 생각으로 좁혀졌다.

망원렌즈를 챙겨서 밤꽃이 활짝 피어있는 산으로 갔다. 밤꽃은 5월 말부터 6월 초에 꽃봉오리에서 수술이 터져 나와 동물 꼬리처럼 복슬복슬하다. 약간은 쿰쿰한 냄새가 났다. 한 나무에 암꽃과 수꽃이 피는데 길쭉한 꽃은 수꽃이다. 수꽃이 절정일 때 아래쪽에서 살며시 모습을 드러낸다. 이것이 수정되면 밤이 열리는 것이다.

이렇게 밤꽃 찾아 삼만리 하니, 찍은 사진이 200여 장이 넘었다. 잘 찍힌 사진을 거르고 걸러 최종 5장 그중에서도 더 심사숙고해서 2장을 골랐다. 그림을 소장하실 분이 나의 그림 스타일이 괜찮다고 하셨지만 2점을 정성껏 그렸다.

그중에 마음에 드는 그림을 한 점을 드렸다. 이렇게 출사를 해서 200여 장을 넘게 찍어 한 두장 정도 괜찮은 소재를 구할 수 있다.

소재에는 작가의 시간과 노력이 담겨 있다

가끔 그림을 시작한 작가들이 소재 혹시 없어요? '한 장만 줄래요.'라고 한다. 다들 보는 눈은 비슷한지라 괜찮은 소재를 줬으면 하지만 괜찮은 소재는 작가의 시간과 노력이 담겨 있는 것이다.

인터넷에 나오는 소재는 저작권이 있어 함부로 그림을 그려 공모전이나 전시를 할 경우 저작권에 문제가 생기는 경우가 종종 있다. 그러므로 작가가 직접 구하거나 찍어야만 한다.

그림 소재를 구하는 방법, 그림을 그리는 방법 등 모든 것이 느리고 손수 해야 하는 수고로움과 번거로움을 수반하는 일이다. 그 이상의 큰 기쁨을 주는 것이 그림이고, 작가가 길인듯싶다.

사람들이 느림의 미학 느리지만 천천히 익어가길 원한다. 하지만 요즈음같이 빠르게 변화하는 현대사회에 느리게 천천히 가는 길을 선택하는 것이 쉽지는 않은 선택이다.

오래된 방앗간을 찾았을 때 멈춘 기계와 발동기 핏대를 보면 예전에 방앗간에 김이 모락모락 했던 가래떡과 쌀 찧는 소리가 들리는 듯하다.

덜컹덜컹 기계 소리와 부지런한 농부의 삶이 녹아 곳곳에 남아 있다. 수북이 쌓인 왕겨와 아주 오래된 정미소 붓글씨체 가격표에서는 사진으로 담을 수 없는 *끈끈한 삶에 애환과 노고*가 고스란히 전해진다.

출사의 묘미

옹기 만드시는 장인은 또 어떠한가. 굵게 파인 주름, 땀 냄새가 밴 무명옷 한 벌. 지문이 굳은살로 변한 투박한 손에서 깊은 존경마저 드는 건 출사만이 간직한 묘미인 듯싶다.

말로는 형용할 수 없는 설레고 떨리는 마음이 곳곳에 담겨있다. 바람 소리, 풀향, 하얀 구름은 세월이 지나도 여전한데.... 점점 모습이 변하여 사라져가는 것들이 아쉬웠다.

맨 처음엔 나는 사라져가는 것을 그렸고, 그 속에서 나는 '삶의 소중한 부분들을 그림 속에 녹여내야겠다'는 생각이 들었다. 김치 또한 그렇다. 소중한 우리 문화의 가치를 살리고 보존하고 싶은 마음과 정체성을 지키고 싶었다.

나는 이 길이 무척 가치 있고 의미 있는 일로 생각한다. 이 길을 가면서 한 번도 후회 한 적이 없다. 그런데도 어렵고 힘들지만 시나브로 익어갈 것이다. 천천히 그리고 깊게

사막에서
물을 찾다

2016년 4월부터 카카오 스토리를 했다. 그 후 2019년 4월부터 페이스북에 올렸다. 나에게 페이스북의 업로드는 시간의 기록이며 기억이며 나의 작가 생활의 자료수집인 공간이다.

맨 처음에는 작은 호기심으로 시작 했다가, 지금은 소통과 공감의 공간으로 이용하고 있다.

페이스북은 좋은 사람도 보지만 좋지 못한 악용도 있다 보니, 나는 개인사보다 미술작품 전시, 공연 등 미술적인 자료나 단상을 올리고 있다.

또한 메신저는 사용하지 않고 있다. 좋은 사람들도 많지만 반대로 그렇지 못한 사람들도 있다고 생각해서 오프라인 전시 및 확실한 관계에서만 작품 매매를 원칙으로 삼고 있다.

이것은 나만의 방식이지 정답이 아닐 수 있다. 정확하고 바른 것을 원칙으로 하는 고지식한 방법일 수 있지만 실수가 적다고 생각된다.

페이스북을 통해 다양한 작가, 다양한 직업군의 사람들을 만난다. 시대의 흐름을 무시할 수 없기에 내가 생각하는 결과 비슷하거나 생각이 통하면 '좋아요'나 댓글을 달기도 한다. 소통과 공감하는 태도로 생각을 넓혀가고 좋은 방법이나 생각을 긍정적으로 받아들인다.

AI와 회화작가와의
접근성

AI가 미술계 전반에 빠르게 스며들고 있다. 예술가는 작가만의 고유한 정체성을 지키면서 시대 흐름에 유연하게 대응하는 것이 좋다. 회화의 본질성을 강조하고 차별화하는 전략이 필요하다. AI는 빠르고 효율적이지만 인간의 감정선, 손맛, 시간의 흔적은 흉내 내기 어려울 것이다. 김치를 빨리 담근다고 해서 숙성된 김치맛은 흉내는 낼 수 있지만 제각기 손맛은 다르기 때문이다. 붓 터치, 종이 재질, 물감의 번짐 또한 흉내는 낼 수 있다.

하지만, 작가의 머릿속에 있는 기억과 생각, 개인사와 전통문화가 결합한 회화이다. 때문에 전체적으로 포괄적으로 비슷해 보이겠지만 한 개인의 감정선까지는 같을 수 없다.

때로는 영리한 AI 때문에 깜짝 놀라울 때가 많다. 역으로 생각하면 빠르기만 한 것이 좋은 것일까? 느림의 미학은 느리지만 비어있을 때 여유를 준다. 작가로서의 몸과 시간, 층층이 쌓은 노력의 흔적들은 개성을 나타낸다. 그림에 스며든 때에 따라 달라지는 감정선과 '속도'의 차이는 작품의 개별 특성을 나타내게 되는 것이다.

AI와 친구가 되어 협업도 생각해 보았다. 회화의 기초구상 단계에서 AI를 통해 다양한 각도로 실험하고 최종 구현은 작가가 구현하는 것은 어떨까? 또한 AI 이미지 결합을 통한 소재를 다시 수작업으로 재해석 하는 방법은 어떠한 의미를 지닐까? 영상과 회화의 융합된 전시도 고려해 볼 만하다. 보고 느끼고 체험하는 전시나 발효과정을 애니메이션으로 표현하는 방법도 좋을 것 같다.

실제 활용 면에서는 AI를 통해 포트폴리오로 보완, 전시 기획, 보조 등 행정적 도움을 받는 것이다. 하지만 예술의 실제적인 작업에서는 인공지능을 활용한 작업은 단순 반복과 복제의 의미가 더 강할 뿐이다.

시골밥상 같은 손 그림

AI가 넘칠수록 손맛이 귀해지는 시대이다. 인스턴트가 넘쳐날수록 건강한 시골밥상이 그리워지듯 진짜 손으로 쓴 글씨. 손으로 만든 음식, 손으로 그린 그림이 각박한 현대사회에 꼭 필요한 요소가 될 것이다.

전통과 현대의 연결고리로 회화적인 감성이 더해진 진정성 있는 작가로 자리매김 하고 싶다,

AI가 온라인에 집중된다면 작가는 오프라인 전시에 감각적인 체험을 강조하여 따뜻하고 진정성 있게 녹여 내야 할 것이다.

AI가 예술을 대처할 수 있는가? 적어도 아직은 아니다. 지브리 화풍처럼 작가가 만든 개성의 복제 외에 다양한 시도가 필요할 듯하다. 그런 과정에서 더 똑똑해진 AI를 대처하는 길은 사람 냄새 나는 따뜻한 감성과 성실하고 꾸준한 노력이다. 자신만의 화풍을 만드는 과정에서 AI라는 도구를 반면 교사하며 만들어가는 예술도 충분한 고유의 가치를 인정받을 것으로 생각한다.

내 삶의 주인공

"어~ 이게 누구지?" 알쏭달쏭 하지만 분위기는 알 듯하다. 그렇게 요즘 한창 지브리 풍이 대세다.

한 번쯤은 자신의 사진에 지브리 풍으로 변화되었을 때 색다른 모습에 매료되기도 하고 또 페이스북이나 인스타에서 변환된 이미지로 소통하기도 한다. 때론 만족하고 반대로 실제보다 뚱뚱하게 나왔다고 아쉬워하기도 한다. 누군가는 자랑하고 싶은 손주나 자녀를 지브리 풍으로 변환하여 보여주기도 한다.

유행한다는 것은 초상권이나 저작권에 침해되지 않을 것으로 생각하기 때문인 듯하다. 이런 논란을 뒤로 하고 지브리 풍운 생활에 힘든 우리에게 때론 작은 위안을 준다. 자신의 사진에 따뜻하고 감성적인 풍인 지브리 풍운 자연 친화적인 배경으로 숲, 마을, 바람, 하늘이 등장한다.

보는 이의 마음을 평안하게 무장해제 시킨다. 아날로그 감성의 편안한 감성이 더해져 꿈과 현실의 경계가 모호한 환상적인 분위기로 보는 곳으로 위안과 힐링이 되기도 한다. 서정적인 분위기가 사람들의 향수를 자극하기도 해서 많아 좋아한다.

단점으로는 지브리 풍이 하나의 장르로 자리매김 할 경우 스타일의 획일화나 새로운 표현의 다양성을 방해하는 요소가 될 것이다. 기술, 도시문명, 동화적 낭만주의 형식의 느린 전개로 지루함과 서사가 약화하여 모호할 수 있을 것 같다. 유행이 사라지면 급격하게 줄어 들 것이다.

지브리 풍을 좋아하는 사람들의 마음

하지만 각박한 현대사회를 살아가면서 누군가의 따뜻한 작은 위안을 받고 싶은 마음에서 일까? 지브리 풍을 사용하는 사람들의 마음을 알겠다. 나 또한 지브리 풍을 선호하거니 반대한다는 것은 아니다. 다만 지브리 풍의 장점은 살리되 전적으로 매달리거나 빠지는 것은 주의해야 한다는 생각이다.

어쩌면 차라리 자연과 마주하고 직접 바람을 느끼고 구름도 바라보고 예쁜 꽃과 향기를 맡을 수 있는 마음의 여유가 필요하다는 생각이다. 때로는 음악과 차 한잔만으로 심신을 안정시키고 전시나 운동, 영화, 관람 등 소통과 공감의 소중한 시간을 만들어가는 것이 더 근본적인 일이란 생각이 든다.

자연을 바라보며 얻은 우리의 감성으로 서로의 삶이 향기로울 수 있었으면 좋겠다. 다양한 방법과 노력으로 자연과 마주하고, 우리가 모두 배려와 용기를 이어 건강한 삶의 주인공이 되었으면 한다. 내 삶에 주인공은 나다. 그러니 우리는 각자 지브리 풍이 아닌 자연 속의 나의 풍을 찾아야 하지 않을까.

그림 하나 줘

동창이나 여러 사람이 모이는 단체 모임에 참여 하면 흔히 하는 말이 "그림 하나 줘"라고 하는 사람이 있습니다. 자동차 파는 사람 한테 '차 한 대 달라'고 하면 될까요. 혹은 장사하는 분께 물건 많은 데 가져간다고 하면 무엇이라 답하겠습니까.

그림은 화가에게 정체성이며 삶의 흔적입니다. 공산품처럼 여러 개 만들어내는 물건들도 정당한 금액을 내야 하는데, 그림을 그리 기 위해서 밤낮없이 노력한 땀과 눈물과 수고로움이 어떤 말 한마 디에 부정당하는 느낌을 지울 수 없습니다.

'그림 한 점'에는 말로는 형용할 수 없는 작가의 생각이 스며들어 있습니다. 아는 지인인데 '그거 하나 못 해주나~ '하고 생각 한다면 단호하고 정중하게 설명해 주었습니다. 특히 전업 작가에게 그런 말을 한다면 그런 말은 상대방을 배려하는 마음이 부족하거나 작가의 고유성과 창작의 고통을 알지 못하는 거라는 생각이 듭니다.

가족이나 지인 중에 예술가가 있다면 그런 말은 쉽게 할 수 없을 겁니다. 그림으로 여유로운 유명한 작가는 아주 극소수입니다. 하지만 대부분 작가는 일과 그림을 병행하며 살아가는 경우가 많습니다.

음악회나 콘서트, 발레 공연, 뮤지컬은 금액을 내면서 미술관이나 갤러리는 무료라는 생각을 많이 합니다. 해외 유명한 작가 전시는 금액이 있어도 가지만 지역작가나 우리나라 작가의 전시가 유료인 경우가 많지 않습니다.

전시 준비는 여러 과정이 있습니다. 전시 준비를 하려면 작품제작, 작가 노트, 전시장 예약, 액자제작, 운반 및 포장 디스플레이, 오프닝 준비, 작품 반입 반출, 전시장 지킴이 등등으로 일과 그림을 병행하기가 쉽지 않은 구조입니다.

작업만 하기에는 경제적인 문제가 걸립니다. 이런 어려운 과정을 소리 없이 묵묵히 해 나가는 작가들이 있기에 전시가 있고 공연이 있고 작품이 있습니다. "우리는 그런 사이가 아니잖아~, 나한테는 그냥 줘도 되잖아~, 꼭~ 그걸 돈으로 계산해야 해"라고 말하기보다 진정으로 작가를, 친구를, 동료를 생각한다면 진실한 응원 한마디, 토닥토닥 진실한 손길 하나만으로도 큰 힘이 됩니다.

그림을 잘 그리는 작가님도 그림에 판로가 어려워 사회에 나가 일하시는 분을 뵌 적이 있습니다. 배움이 부족해 평생을 그림을 그리셨음에도 그림으로 채울 수 없는 생활고에 힘드신 분을 보았습니다.

세상에는 돈으로 매길 수 없는 소중한 것들이 많습니다. 그것은 돈으로 채워지지 않은 소중한 우리 문화라고 생각합니다. 그림 한 점, 부드러운 음악 소리, 기대되는 공연 등으로 우리를 행복하게 해주고 부드럽고 유연하게 해주는 문화의 소중함을 기억해 주시면 좋겠습니다. 건강하고 아름다운 삶을 위해 오늘도 붓을 듭니다.

새로운 탄생

환경이 한번 무너지면 고스란히 우리에게 돌아온다. 지구온난화로 병들고 힘든 지구에서 넘쳐나는 쓰레기, 플라스틱을 보며 미래 사회의 후손들에게 미안한 마음이 든다.

자연이 순환되는 사회가 되어야 한다. '나는 오늘 플라스틱을 얼마나 사용했을까?' 물고기가 죽어가고 동식물이 아파하는 것은 우리의 지구가 아파하는 것이다. 우리들을 위해서라도 '자연 생태, 자연 순환, 지속가능성, 그리고 쓰레기 문제'들을 고민해 보아야 한다.

잘도 돌아가 지구

이런 마음의 일환으로 2023 주민주도 형 지역 균형 뉴딜 활성화 사업을 참여하였다. 업사이클 프로젝트로 이현동에 작가들이 같이 모였다. '잘도 돌아가 지구'라는 슬로건 아래 행정 안전부의 주최로 대전 대덕구 아주 맑은 이현 마을에서 했다.

이현동의 기후 변화와 대응 프로젝트는 기획자/신정숙, 조각가/박대규, 팝아티스트/최정훈, 회화작가/송보영, 활동가/김희경, 도예가/ 조윤상이 주축이 되어 2023 탄소 중립 프로그램과 기후 탄소 제로 실천 등의 이모저모를 논의하였다.

매주 청주에서 이현동을 오기며 환경에 관한 회의와 업사이클 작업을 이어갔다. 작가의 특성상 혼자 작업을 하는 경우가 많은데, 프로젝트를 통해서 협업을 통해 서로의 생각을 알아가고 최선책을 찾아가는 시간을 통해 협업의 중요함을 알게 되었다.

나는 청바지의 제2의 인생과 새집이랑 우편함이랑 우리 집이랑 프로젝트를 하였다. 버려진 청바지를 업사이클 하고, 버려지는 자투리 나무나 파렛트로 우편함을 만들며, 환경에 대해서 더 많이 알게 되는 소중한 시간이었다.

버려지는 물건을 다시 사용하는 것은 재활용이고, 버려지는 물건을 새롭게 디자인하고 또 다른 물건으로 업그레이드되는 것은 새활용이다.

선진지 견학으로 서울 새 활용센터, 광명 업사이클 아트센터를 다녀왔고, 이현 습지 환경미술제를 통해 시민들과 환경의 중요성을 공유하고 체험했다. 마을주민 추진위원회와 회의를 통해 서로 환경을 살피고 보존해야 함을 절실히 깨닫고 배우게 되었다.

이번 프로젝트를 통해 일회용품 절약, 가까운 곳은 걸어가기. 텀블러 쓰기 등의 내가 실천할 수 있는 것부터 해야겠다는 생각이 강해졌다. 예전에 봉산리에 갔을 때 박재환 옹기장이 말씀하시던 '플라스틱이 좋은 게 아니야. 환경이 다 병들잖아~ 큰일이야~'
그분의 말씀이 마음속에 오랫동안 머물게 하는 프로젝트였다. 환경을 살릴 수 있는 마음가짐과 실천이 답이다. 프로젝트로 나누기 위해 환경을 위한 마음을 키우다 찾은 것은 '그저 조금이라도 내 마음가짐이 달라지는 것'만으로도 큰 의미가 있다는 발견이다.

서툴지만 솔직하게

'내 이야기를 꺼내도 될까?'

글로 표현한다는 자체가 처음엔 많이 낯설고 두려웠다. 더구나 '이런 걸 글로 써도 될까?'라는 수 없는 고민과 걱정도 따라왔다.

오랫동안 '김치라는 소재가 과연 예술로 받아들여질까?'라는 생각을 했다. 전업 작가로 살아가면서 현실과 예술 사이를 오갈 수밖에 없었다.

사람들은 조심스레 걱정했고, 나는 조용히 흔들렸다.

붓의 터치가 늘어갈수록 점차 흔들림은 커졌다.

어느 날부터 인가는 또렷한 파장이 보이기 시작했다. 놀랍게도 그 모든 말보다 더 크게 내 마음 깊은 곳에 울림이 보였다.

'그려, 그리고 싶어서 그랬잖아.'

그래서 용기를 내기 시작했다.

'쓰고 싶다면 써, 그건 네 이야기니까.'

김치에 대한 기억을 그리고, 유산균에 깃든 세월을 쓰기 시작했다.

어릴 적 엄마 손, 겨울의 숨결,

항아리 속 발효되는 시간을 하나씩 꺼내어 화폭처럼 글 위에 올렸다. 누군가의 눈엔 익숙하고 평범한 것일지 모르지만 내게는 너무나 뜨겁고 간절한 이야기였다.

서툴지만, 솔직하게 쓰고 싶었다.

담백하게 남기고 싶었다.

이 글은 거창한 문장이 아니라 삶의 가장 작은 조각들이다.

그 조각들을 하나씩 주워 모았다. 어쩌면 이 수상록은 내 인생 밥상의 모습이자 평생을 덧칠하고 있는 그림 한 장인지도 모르겠다.

_예술로 늘봄이길 2020 공공 프로젝트

_대화동 공공미술 시시각각 예술로

4
엄마의
가족들

사모곡

종갓집 종부, 칠 남매의 어미
열매 달 한가위 보름달 품으로
모든 것을 놓아 버리고
옥색을 한 벌 입고 홀연히 떠나신 그날
엄마의 생인손인 큰 언니는
둘째 언니 품에 안고 잘 있어요.
우리 자매의 그림은 언제나
엄마를 향한 감사의 현화(現化)입니다.

큰아들을 가슴에 묻고
날마다 소리 없이 숨죽여 아파하셨지요.
큰언니의 긴 병수발로 너무나 힘드셨지요.
손발이 다 닳도록 고생하시고
가족을 위해 희생 하신 엄마
마음이 아릿하게 저며 오네요.

칠 남매 키울 때 가장 행복했다고
큰아들 덕분에 하와이를 다녀오셨을 때
조종사 아들 덕분에 덕 봤다 하시며
환하게 웃으시던 엄마 모습이
아릿하게 다가옵니다.

꿈속에서 주신 아로쉬지
막내랑 함께 쓰라고 작은 엄마께
보내셨다고 하셨지요.
그 마음 꾹꾹 담아서
저는 김치와 김치 유산균을
동생은 매란국죽을 서양화로 어머니가 주신
화폭에 담고 있습니다.

어머니가 남긴 손맛은
제에겐 최고의 유산이 되었습니다.
언제든 보실 수 있도록 가슴의 화폭에 담아
문화의 꽃으로 활짝 피우겠습니다.
사랑합니다. 엄마

나의 뿌리

대전시 동구 인동 216번지 14통 1반. 내 출생지다. 유교 사상과 남아선호사상이 짙은 내력으로 2남 5녀의 넷째딸로 태어났다. 할머니는 깐깐하셔서 동네에서 호랑이 할머니라 불렸다.

할아버지는 한학자로 후학들을 가르치시고 독립운동자로 독립자금을 대셨다 한다. 독립운동을 하시다 서대문형무소에서 4번의 옥고를 치르시고 그 후유증으로 돌아가셨다 한다. 현재 국립현충원 독립유공자 4 묘역 103호에 안장되셨다. 2001년 건국훈장 애족장을 추서 받으셨다.

나의 부모 이야기

대전 양반가에 종손 집으로 시집오신 논산에서 자란 둘째 딸이셨던 엄마는 일 년에 열두 번의 제사를 모셨다. 시집을 오면서도 팍팍한 시집살이를 상상이나 해보셨을까. 아버지께서 가정적이면 덜 힘드셨을까. 일곱 명의 자식들은 제 앞가림하기도 어려서 늘 손발이 다 닳도록 홀로 고생만 하셨다.

아버지는 충남 대표 선수인 탁구선수를 하시고 대전고를 나오셨다. 화려한 인맥과 술담배를 즐기셨고 가정은 항상 뒷전이었다. 소위 호걸이셨다. 필체가 좋으시고 토목설계를 하셨는데 끈기 있게 끝까지 못하신 것 같다. 월급 때면 친구들과 1차 2차 걸치시다 보면 주머니는 가볍고 흥은 늘어가는 자유로운 영혼이었다.

그리고 집에 와선 국수가 먹고 싶다고 말아 달라고 하셨다. 그러면 어김없이 국수를 말아주셨던 엄마가 그때는 이해가 안 되었다. 어린 마음에 그런 아버지가 야속하고 참 싫었다. 어머니는 싸워야 별수가 없다는 생각이었던 것일까. 아버지의 자유로운 영혼 덕분에 몇 곱절 힘든 어머니의 모습이 지금도 애잔하다.

수육과 겉절이를 먹던 시간

김장 때면 하얀 배추가 700포기에서 1200포기를 했는데 배추를 펌프 물에 마중물을 넣어 번갈아 가며 펌프질을 하셨다. 두 손 꽁꽁 언 손을 지하수에 녹이며 김장 후에 수육과 겉절이를 만들어 철석 걸쳐 먹던 시간이 아스라이 떠 오른다.

땅을 파서 무를 100여 개 저장해 놓고 하나씩 둘씩 꺼내 시원한 무국과 생채도 해주셨다. 엄마의 부지런함으로 우린 잊을 수 없는 입맛들을 몇 가지쯤 기억 속에 담고 산다. 김장독을 땅에 묻어 동치미. 총각무, 배추김치를 저장해 놓고 살얼음 동동 띄운 시원한 국물이 추억의 쏘울 식품으로 남는다.

이렇게 나는 김치 하면 고생한 엄마의 모습에 가슴 한 켠 짠하니 아려온다. 그래서 내가 훗날 김치 화가로 남았는지도 모르겠다. 그 속에는 엄마의 손맛과 그리움이 내재하였다.

일찍 철든 장남은 공군에 입대하여 직업군인으로 복무하다 소령으로 예편하여 아시아나 항공의 기장이 되었다. 큰딸은 대전여상을 우수한 성적으로 졸업하여 행정공무원 교육공무원 두 가지를 합격하게 되었고, 둘째 언니는 요양보호사로, 셋째는 미국에서 간호사로, 넷째는 미술학원을 운영하다 수채화 작가로, 남동생은 법대 졸업 후 논술을 가르치는 선생님으로 그리고 막내는 서양화 작가로 활동 중이다. 그래도 엄마께 당당한 자식으로 남을 수 있어 감사하다.

_김장 72.7×72.7㎝ Watercolor on paper 2019

한옥의 미학

"우와~~~ 유채꽃이다"

어릴 적 마당 깊은 집에는 장독대 뒤, 텃밭에는 노오란 유채꽃과 파꽃 그리고 무꽃이 한가득 흐드러지게 피어 있었다.

마당 너른 집에 들어올 때는 작은 문을 통과해 담장과 문간방을 사이 골목을 지나면 아주 큰 대문이 있었다. 부엌 문간방, 건넛방, 안방, 사랑채가 있는 ㄷ자형 한옥에 외부 화장실이 두 개, 토광 2개 가 있는 전형적인 한옥이었다.

내 인생의 첫 번째 '쏘울 푸드'

은행나무, 감나무, 자두나무, 사과나무, 대추나무 등 유실수와 갖가지 꽃들, 텃밭에는 각종 채소가 사시사철 가득했다. 그중에서 특히 겨우내 얼었다 녹았다 반복한 뿌리가 붙은 유채에 되직하게 된장을 넣어 비벼 먹으면 그 맛은 꿀맛이다. 시간이 지난 지금 동생과 나에겐 첫 번째 쏘울 푸드로 동의한다.

종갓집 종부이셨던 엄마, 조모와 2남 5녀의 대가족을 거느리고 손발이 다 닳도록 일을 달고 사신 엄마의 모습의 기억은 역력하다.

기와집. 뜨근뜨근 한 온돌방에 구들장, 가마솥이 걸려 있는 부엌, 다듬이 돌. 풍로, 절구, 맷돌, 서까래, 벽장 ,다락 방등 곳곳에 내 유년의 기억들로 수많은 추억들이 자리하고 있다.

지천명이 지난 어느 날. 김치 작가로 김치를 연구하다 발견했다.

한옥, 항아리 속 김치, 그러다가 유연히 '차경'이라는 말이 자연의 경치를 빌려서 덧칠 없이 빌려서 쓰는 것이라는 사실을 알게 되어 조용히 나의 마음을 일렁이게 하였다.

'그래, 한옥은 자연을 그대로 담는 집이구나'

참 아름다운 말이라는 생각이 들었다. 어릴 적에는 아름다움보다 불편함이 싫었고, 비오면 흙탕물이 튀던 번거로움이 싫었는데 지금은 흙냄새 풀내음 구름 바람 소리가 정겹다.

찬바람이 불면 창호지 문풍지를 뚫고 들어오는 외풍이 싫었는데 스산한 바람이 불어오는 늦가을이 되면 입속에 물을 머금고 푸 우~ 푸 하시며 문풍지를 발라 겨울을 준비하시던 엄마. 노오란 은행잎 단풍잎, 국화 코스모스를 넣고 문풍지의 손잡이 부분을 예쁘게 장식하셨던 엄마의 모습이 아련하고 선연하다.

소소하고 느리게 가는 일상이 좋은 거였는데, 그땐 왜 그리도 빨리 어른이 되고 싶었는지, 건물 밖에 위치한 화장실은 불편한 한옥이 싫은 첫 번째 이유였다.

그런데 화장실의 냄새를 방지하기 위해 볏 짚을 잘라 뿌려 준 후 발효가 되면 퇴비로 사용했던 옛사람의 지혜와 자연을 거스르지 않는 섭리를 엿볼 수 있다.

멈추면 비로소 보이는 것들이라는 혜민 스님 말씀처럼 어릴 적 그렇게 싫었던 한옥이 나이 듦에 아프도록 그리워진다. 나무와 흙이라는 자연 재료로 벽을 세운 집이 친환경적인 것이다.

한옥의 아름다움과 여백의 미학이 비움과 쉼임을 이제는 알 것 같다. 도시 생활로 지친 삶을 위로해 주고 땅속 깊이 묻어둔 동치미의 참맛을 조금씩 알아가고 있다.

자연을 그대로 담은 구조. 손때 묵을수록 점점 살아나는 집, 천천히 느리게 사는 법을 가르쳐주는 한옥은 바람과 햇살이 머무는 곳이다. 한옥을 보면 자연의 아름다움과 마주하게 된다. 이렇게 한옥에 매료되고 좋아하는 것은 어릴 적 추억이 나의 그림에 자양분이 되고 토대가 되었음을 알기 때문이다.

은행나무 감나무, 대추나무, 자두나무, 각종 이름 모를 꽃들의 가득한 향기와 추억의 앞마당과 뒷마당은 나의 미적 감수성을 키워준 고마운 존재였다. 그리움 속에 한옥이 있고 내가 성숙하였던 것처럼 그 안에서 김치가 숙성되어 익어가고 있다. 그런 우리 한옥의 자연스러운 감성이 참 좋다.

김치 궁물

1975년 봄날. 초등학교 3학년.

"어휴~ 내 도시락 어딨어~? 아~, 여기 있네."
"얼른 가져가야지, 얼른얼른 준비해, 학교 늦겠다"

부엌에 7~8개의 노오란 양은 도시락이 쭈르륵~~~ 열을 맞추고 기다리고 있다. 매일 아침 한 솥 가득히 밥을 지으셨던 엄마가 계셨다.

1학년은 오전 수업으로 도시락을 안 싸 갔지만, 2학년 이상은 오후수업으로 도시락을 싸서 가야 했다. 7남매의 대가족의 아침은 늘 바쁘고 북적북적했다. 7남매 중 야간자습을 해서 도시락을 두 개씩

싸가야 하는 언니들과 오빠가 있어서 아침마다 전쟁 아닌 북새통을 이루었다. 뒤늦게 꿈지럭 거리고 느려 터지게 행동한 나는 나머지 남은 도시락을 챙겼다.

지난 날, 병에 담긴 반찬통을 깨트려서 다시 작은 프리마 통에 볶은 김치를 덜어내고 배추김치를 꾹꾹 넣고 궁물까지 넣었다. 그리고 친구들과 학교에 도착했다.

유별나게 기름진 반찬보다 담백한 걸 좋아했다. 깻잎, 장아찌라도 넣으라고 하시던 엄마 말씀을 뒤로하고 내 입맛에 맞는 김장 김치를 싸서 갔었다.

노오란 양은 도시락에 흰 쌀밥 무 짱아찌, 샛노란 단무지, 깻잎 짱아찌, 콩잎, 콩자반, 감자조림 등.., 우리집 반찬은 늘 '슬로우 푸드'였다.

나는 친구들이 싸 온 소세지 볶음을 좋아했는데 우리집의 실정은 달랐다. 친구들과 선생님은 된장 속에 넣어둔 깻잎을 들기름에 한번 더 찐 깻잎 짱아지를 계속 싸 오라고 했다. 담임 선생님도 맛있다고 인정하신 최애 인기 메뉴였다.

때론 기다란 무로 노오란 단무지를 직접 담그시기도 하셨다. 특히 겨울에는 동치미 무를 무쳐 갔는데 친구들은 단무지도 아닌 이 무

채의 정체를 궁금해했다.

그 시절 혼식을 하라고 해서 쌀과 보리나 잡곡 5대5 이상으로 가져오라고 했다. 우리집은 시골에서 농사지어 가져오는데 백미는 먹을 만큼 있었다. 그날따라 잡곡이 떨어져 흰쌀밥을 싸서 갔었다.

옆에 있는 짝꿍에게 말했더니 보리밥을 덜어준다고 했다. 친구의 도시락을 열어보니 꽁보리밥이 가득 담겨 있었다. 쉬는 시간에 서로 도시락에 밥을 일부 교환하고 점심시간을 기다렸다.

그런데 수업 시간에 김치 냄새가 은근히 코를 찔렀다. 혹시나 하고 쉬는 시간에 가방을 열어보니 '아뿔싸~' 가방 안에 반찬 뚜껑이 반쯤 열려서 국정 교과서인 국어책과 사회책에 김치궁물이 지도를 그리고 있는 게 아닌가.

아무리 지우려 해도 얼룩진 교과서는 팅팅 불은 교과서 옆부분으로 얼룩이 번져 하루 종일 나의 마음도 얼룩져 있었다. 지우려 하면 할수록 교과서 옆구리는 퉁퉁 불어났다.

집에 와서 엄마께 말씀드리니 다행히도 언니 친구가 쓰던 전년도 교과서를 구해줘서 너무나 아주 고마웠다. 일이 있고 난 후 한동안 김치 반찬은 싸가지 않았다.

겨울이면 석탄을 넣어 난로를 지펴 그 위에 노오란 도시락을 데워 먹었다. 아래 도시락만 데워져서 타지 않도록 수업 중간에 도시락

위치를 바꿔주었다. 누룽지 냄새와 도시락에 함께 넣어둔 반찬 냄새가 묘하게 익어가며 모락모락 연기를 추억처럼 피웠다.

지금 세대의 급식을 하는 초등생은 아마 모를 것이다. 지금은 어디에서도 찾을 수 없는 추억의 맛이었다. 점심시간도 오기 전에 쉬는 시간에 미리 먹었던 일, 그로 인해 쉬는 시간에 도시락 검사를 했던 추억, 도시락을 두 개 싸와서 쉬는 시간과 점심시간에 두 번 먹었던 먹성 좋은 친구는 오십 년이 지난 지금 어디서 무엇을 하고 사는지 참 궁금하다.

그 시절 반찬통으로 다 마신 커피와 프림의 유리병인 맥심병과 프리마병에 반찬을 싸 오는 일이 흔한 일 이었다. 일회용 커피믹스로 대체된 지금 그때의 추억이 새록새록 떠올라 마음 한쪽이 따뜻해진다.

엄마가 해주시던 살얼음 동동 동치미. 툇마루에 걸쳐 앉아 먹던 흰쌀밥에 아삭아삭한 김장 배추김치를 쭉~ 걸쳐 먹었던 추억의 맛이 때때로 눈물 나게 그립다.

나도 이제 나이가 들어가며 추억의 옛 노래에 취해 김치 그림 속에서 숙성되어 가는가 보다. 요즘은 엄마의 맛을 찾아 하얀 아로쉬지에 그리움을 찾아 그린다. 그럴 때에는 도시락 궁물처럼 아로쉬지에는 추억이 번져 있었다.

첫 번째 이별

내 나이 30대 중반 봄날. 동생과 함께 충주에서 미술학원을 운영하고 있었다.

그날 전화를 받던 동생이 전화를 받고 소스라치게 놀라며 자리에서 풀썩 주저하지 않더니 말을 하지 못했다. 오빠 나이는 43세 일 때이다. 잠시 정신을 차린 동생이 큰오빠가 위독하다고 병원이라고 하였다. 순간 가슴이 떨리고 막연한 두려움에 숨이 쉬어지지 않았다.

그리고 난후 몇 시간 뒤 심근경색으로 운명하셨다고 연락이 왔다. 나와 동생은 이 세상에서 가장 소중한 사람이 엄마 다음은 오빠였다.

아버지는 가정적이지 않으셨고 오빠는 가족과 일 모두 성실한 분이셨다. 언제나 따뜻하고 우리에게 최고의 오빠였다. 소중한 분을 데려가신 하늘이 때때로 원망스럽고 헛헛한 마음을 이루 말할 수 없었다.

그 후 새언니는 새로운 사업으로 옷 가게, 숙성 횟집을 거쳐 특장을 하며 지금까지 재혼하지 않고 제사를 모시며 조카 둘을 잘 성장시켰다. 그 마음을 이루 헤아릴 수 없다. 고맙고 미안 하고 감사하다. 이 자리를 빌려 그동안의 수고에 감사의 마음을 전하고 싶다.

엄마

엄마는
누름돌 하나를 가슴속 깊이
품고 사셨습니다
누가 가르쳐 주지도 않았을 텐데
자신을 누르시며
꿀꺽 꾹

희생과 사랑으로 그 아픈
시간을 견디어 내시며
말이 없는 속울음을 삭혀 내셨습니다.
자식의 아픔이 내 잘못인 양
오랜 세월 병간호에 지칠만한데도
오롯이 바람막이가 되 주셨습니다.

때론 흔들리는 시련 앞에도
나아질 거라며 실낱같은 희망을 품고
절대 포기하지 않으시며
초연하게 세월을 담아내셨습니다.
항아리를 씻고 닦고 어루만지던
묵언의 기도는 누름돌이 되었습니다.

칠 남매에서 엄마의 누름돌은
단단하고 깊은 우애와 가족애를 주셨고
기다림이란 단단한 양분으로 남았습니다.
엄마의 누름돌을 볼 때 마다
가슴속이 뜨겁게 저미어 옵니다.
지금은 내 가슴안에 엄마가
누름돌로 남았습니다.

마중물

어릴 적 마당 너른 집에는 오래된 펌프가 있었다. 먼저 커다란 항아리가 눈에 뜨인다. 초등학생 두어 명은 들어갈 만한 크기의 장독에는 종갓집의 장맛을 품었다. 큰독부터 작은 독까지 늘어선 가득한 장독대 옆의 시멘트로 만들어진 널찍한 네모진 곳이 수돗가였다. 문간방과 건넌방 그리고 사랑방에 세 들어 사는 모든 분들이 함께 이용하였다.

펌프는 수도를 사용하기 전부터 사용하던 것이다. 동네의 다른 집들은 우물을 사용할 때 마당 깊은 집은 펌프로 물을 길었다. 물맛이 좋고 익숙하여 시멘트로 덮인 수돗가의 한편에 떡하니 자리를 차지하고 여전히 사용되었다. 특히 김장 때면 언제나 중요한 역할을 해주었다.

김장과 설렘

엄동설한은 아니더라도 제법 추운 날씨에 수돗가에 수북이 쌓인 초록빛 배추는 속살을 노랗게 드러내었다. 큰 고무대야에 여러 해 동안 간수를 뺀 천일염은 포대로 들어갔다. 배추에 밑동 이를 칼집을 내고 두 손으로 쭉쭉 찢어 간수에 담가 다시 10여 개의 커다란 고무대야에 켜켜이 쌓았다.

이른 추위 칼바람에 얼마나 춥고 불편했는지 그때는 내일이 아닌데도 살짝 걱정이 되었다. 동네 아주머니 몇 명은 함께 참여하여 품앗이처럼 김장을 하기도 하였다. 하지만 북적북적한 사람들의 움직임과 김장 냄새는 설렘을 주었다.

수육이 다 삶아지면 갓 담근 겉절이와 싱싱한 굴을 내어주어 김장에 참여한 사람들은 시원한 막걸리 한잔을 드셨다. 후에도 김장을 나르던 아버지 등과 동네 아주머니에게 건네기 위해 막걸리를 추가로 사러 가시던 할머니의 모습은 그날의 대표적 모습으로 아련하다.

펌프는 마중물 한 바가지를 떠 와서 펌프에 넣어야 한다. 마중물이 담긴 상황에서 펌프질을 한참 한 후에야 물이 나왔다. 그러니 새롭게 나오는 물을 마중하는 물이라 마중물이다. 학교를 다니고서야 마중물이 주사기의 원리처럼 진공을 만들고 압력 차를 이용한다는 걸 알게 되었다.

하지만 펌프를 조금만 사용해 보다 보면 마중물이 펌프질하면서 새어 나가면 다시 마중물을 부어야 한다는 걸 쉽게 알게 된다. 그러니 마중물은 새로운 물이 나올 때까지 펌프질을 하면서 팔이 아프기도 했고 또 김장을 위한 많은 물이 필요한 경우나 대량의 빨래를 할 때는 힘이 들었다.

허리나 팔 운동이 돼서 좋다는 말씀을 들어서 긍정적인 생각도 하였지만 어린 나에게는 너무 귀찮고 버거운 일이었다. 그래서 나름은 한참을 펌프질을 하다가 힘들어지면 나름 꾀를 내기도 했다.

대가족에 삶, 일 년에 한 번씩 하는 김장이란 큰일 중의 하나였다. 대가족의 살림과 빨래까지 힘든 일을 묵묵히 평생을 해 오셨던 엄마의 모습을 대표적으로 알 수 있었던 행사이기도 하다. 종갓집 종부로 700~1000포기의 김치를 담그셨던 종부의 삶이 애잔하게 나의 마음이 아려온다.

잊을 수 없는 김장의 추억

어느 때는 마중물을 여러 번 하게 되기도 한다. 겨울에 펌프는 처음에는 차가운 물이 나왔다가도 점차 따스한 물이 나온다. 저 깊은 땅이 품었던 온기를 머금은 물들이 나온다. 반대로 여름에는 더 시원한 물을 솟아내기도 한다.

한참 펌프질을 하면 온몸에서 열이 나고 꽁꽁 언 손을 녹여줄 뿐 아이라 마음까지 녹여 주었던 기억이 있다. 펌프질은 가위바위보를 해서 술래가 되는 사람이 했는데 나는 가위바위보의 술래가 되는 날이 많았다. 조금 힘들어지면 가족과 함께 나누어 할 수 있어서 힘들지만 좋았다.

유년 시절 대가족의 함께 모여서 김치를 담갔던 추억들은 소중하다. 가족과 이웃들과 함께 배추를 씻고 절이고 양념을 넣어가며 이야기꽃을 피웠던 일들이 겨울 햇살만으로도 추억처럼 돋아난다.

나도 이젠 지천명이 되어 확실히 엄마가 되었는데, 세월이 지날수록 그리움은 진해진다. 하지만 엊그제 같은데도 점차 희미해져 가는 엄마의 손맛을 그림으로 그리며 추억의 마중물로 삼았다.

그러다가 김장철이 되어 이제는 점점 사라져가는 김장 문화의 소중함을 끌어낼 마중물이 무엇일까 생각했다. 김치를 그리고 김장문화를 그리면 되었다. 가장 한국적인 우리의 소중함을 알리는 작가로 기억되고 싶었다. 그리움으로 그려진 김치가 퍼 올린 문화가 따스한 문화로 언 마음을 조금 녹여준다면 좋겠다.

엄마처럼 살기 싫다고 했던 꼬마는 엄마처럼 살기가 얼마나 어려웠음을 이제는 알 것 같다. 촌부에서 종부로 살아오신 엄마께 그동안 헌신과 희생에 다시 한번 감사에 마음을 전하고 싶다. 그래서 김치 작가로 우리네 엄마를 기억하는 마중물이고 싶다.

누름돌

어릴 적 땅속 깊이 묻어둔 항아리 속에서 김치를 꺼내시는 모습을 보며, 호기심에 가득 차서 물어 보았다.

"엄마~ 이건 뭐예요?"
"이건 김치가 골마지가 생기지 말라고 넣는 돌이야"
"골마지가 뭐예요?"
"김치 겉면에 하얗게 생기는 곰팡이를 말하지"

항아리 속에 돌로 김치를 꾹 누르게 되면 김치가 맛있게 익는 단다.
어린 내게는 그런 돌이 신기하고 특별해 보였다.

어느 날 개인전을 준비하여 항아리 속에 김치를 그리며 그 속에
누름돌까지 그린 적이 있었다.

한 아이가 그림을 관람하다 문득 아이의 엄마에게 엄마 손을 이끌
고 묻는다.

"엄마~ 이건 뭐에요?"하고 궁금해했다.

"왜 김치 안에 돌이 있어요?"라고도 했다.

엄마는 누름돌

엄마는 작가 선생님께 여쭤보라고 했다. 나는 '누름돌이 바로 나에게는 엄마야'라고 설명하고 싶다가도 어릴 적 엄마와의 대화처럼 김치 항아리 속에 누름돌의 의미를 설명해 주었다.

"아하~, 김치가 맛있어진다고요. 참 신기해요."라며 아이는 어릴 적 나와 똑같이 말했다. 그 모습을 보니 세월을 거슬러 어릴 적 나의 어린 시절과 마주하는 특별한 시간 여행하는 느낌이 들어 참 좋았다.

누름돌이 선사한 톡 쏘는 사이다 같은 깔끔하고 시원한 김치 맛은 숙성과 발효를 통한 건강한 맛이다. 가족을 위한 사랑과 정성이 가득 담겼으니 쏘울 푸드며 한국의 맛이라 생각하는 것이다.

시간과 공간을 담은 우리의 식문화를 그림으로 담아간다. 한국인의 정서와 문화에 대해서 알아가는 감사한 순간들이 모인다. 이 모든 것이 엄마라는 누름돌 덕임을 알게 되니, 잃어버린 돌을 찾는 여행에 더 많은 사람들을 초대하고 싶어진다.

마당 깊은 집

김장철이 되면
얼어가는 고사리손도
호오호오오 거리며
마중물을 부은 펌프 곁에
옹기종기 모였어요.

종가집 종부로
칠 남매 엄마의 따스한 손
꼬오옥 잡아주시던 온기에
김장 속은 사랑으로
치득치득 칠해졌어요,

땅속 깊이 묻어둔
배추 한 포기
쭈욱쭈 쭈우욱 찢어
하이얀 쌀밥위에 올려주시던 엄마의 손
꿀맛 같던 시간이 한 참 흘렀어요.

온돌방에 둘러앉아
토닥투닥 거리던 손들은
속살 노오란 고구마와 살얼음 동치미에
뜨근거리며 오싹했던 이야기를
일기장에 적었지요

지천명을 넘어
해마다 김장철에 배추를 다듬는 손
양념하고 김장독을 묻을 때면
깊이 파인 그리움에
그렁한 눈물을 함께 담지요.

세 번의 죽을 고비를 넘다

지난날을 되돌아보니 시간이 참 빠르게 지나갔다. 1966년 대전에서 나고 자라서 여섯 살 되었을 무렵의 일이다.

"뭐해, 심심한데 우리 저기 같이 갈래~"

"어디요?"

"응, 저기에 가면 예쁜 꽃들이 엄청 많아, 언니가 너 예쁜 꽃 줄 테니 같이 가자"

동네 언니랑 손을 잡고 쫄랑쫄랑 따라간 그곳엔 예쁜 코스모스와 들꽃이 하늘하늘 거리고 있었다. 예쁜 꽃을 따라 향기를 따라 무심코 철길 옆으로 걸어갔다.

기차 길을 지날 때면 건널목에서 차단을 하는데 당시는 차단목이 없는 경우가 허다했다. 있어도 자동식이 아닌 수동식이었고 사람이 내려야 하는데 사람이 없는 경우도 많았다.

죽을 고비를 넘다

원래 기차는 사람을 발견하고 본능적으로 멈추려 해도 가속도가 있어 100m 이상 지나야 멈춘다고 들었다. 기차의 기적 소리를 잘 못 들은 것도 말이 안 되는데 '삑'하는 소리에 같이 있던 언니는 어디론가 도망가고, 나는 철로와 철로 사이에 움푹 파인 곳에 본능적으로 납작 몸을 눕혔다.

덕분에 나뭇가지에 걸려 살짝 생채기를 입은 것 이외에는 별다른 부상 없이 다행히 안전할 수 있었다. 웅성거리는 소리에 고개를 드니 사람들이 많았다. 기차가 멈춘 후 사람들은 구름같이 몰려들어 나에게 괜찮은지 물었다.

빨간 스웨터를 입은 나는 괜찮다며 살짝 넘어지는 시늉까지 하였다. 온 동네 사람들에게 나는 빅 이슈가 되었다. 추석이 얼마 남지 않아 차례를 지내야 하는 집이 많아 동네에 큰일이 나는 줄 알고 보는 것조차 노심초사 하셨다고 한다.

큰일을 무사히 보낸 나에게 한결 같이 큰일을 무사히 넘겨서 정말 다행이라며 이런 건 큰 기적이라며 '오래오래 잘 살 것'이라고 하셨다. 일가친지와 오래 살았던 동네 어른들이 어쩌다 오시면 '기차간에서 꺼낸 애가 누구냐?'고 가끔 안부를 종종 물어 보곤 하셨다.

할아버지께서 좋은 일을 많이 하신 덕분이라는 말씀도 하셨다. 나중에 세월이 흐른 뒤에 보니 '독립운동을 하셨던 할아버지의 은덕이 아니었을까?' 하는 생각마저 들었다.

또한 종갓집 종부로 열심히 살아오신 엄마의 조상을 위하는 마음과 지극한 정성과 마음 때문 일 것이라고도 느껴졌다. 엄마는 늘 자식을 위해 헌신적인 분이셨다.

두 번째는 초등학교 3학년 때 수영을 못하는 내가 물놀이를 가서 물에 빠진 적이 있었는데 동네 오빠가 구해 주었던 적이 있다. 누구인지 얼굴은 희미하지만 그때 그 오빠가 너무나 고마웠다. 나의 목숨을 구해 주었으니 말이다.

세 번째는 중학교 1학년 가을비가 내리는 수업 시간에 일어났다. 바람이 세게 불어 유리창이 흔들거리더니 통째로 문틀이 빠져 내 머리 위에 떨어졌다.

선생님은 화들짝 놀라셔서 가만히 있으라고 크게 말씀 하셨다. 유리를 살살 걷어내고 옆 반 선생님과 양호 선생님이 오셨고 아이들은 숨죽여 바라보았다.

짧은 시간에 일어난 사고가 정말로 괜찮냐고 몇 번이나 다시 물어보셨다. 다행히 머리 위에 살짝 조금 혹이 났다. 놀랍고 신기할 만큼

말짱했다. 양호실에 가서 약을 바르고 양호 선생님이 주신 약을 가져와서 발랐더니 괜찮은 듯했다.

양호실에서 한 시간을 누워 쉬고 난 뒤에 조퇴를 하라고 하셔서 상태를 확인 후 귀가 하였다. 많은 선생님들과 친구들이 크게 놀랐다며 나를 많이 염려해 주셨다.

나를 되돌아보니 이렇게 나는 세 번의 큰 죽을 고비를 넘겼다. 세 번의 죽을 고비를 넘기면 오래 산다고 한다. 인명은 재천이라고 하였던가. 나의 가장 소중한 오빠가 마흔셋에 하늘나라에 가셨던 것은 나에게 일생에 가장 큰 슬픔이었다.

지금 돌이켜 보니 그런 아들을 먼저 보낸 엄마의 마음은 이루 말을 하지 못할 큰 아픔이었을 거라는 걸 이제야 조금 알 것 같다.

늘 내 곁에 계실 것 같던 엄마가 천국에 가신 후 더욱더 커가는 그리움은 세월이 흐를수록 깊어만 간다. 이 세상을 살아가면서 세 번씩이나 죽을 고비를 넘기고 지금까지 살면서, 어려움은 반드시 이겨내면 좋은 날이 있을 거라는 긍정적인 생각을 가지게 되었다.

때론 그림을 그리면서 크고 작은 어려움도 있었다. 그럴 때마다 나는 내가 하고 싶은 것을 할 수 있어 감사하고 행복하게 여겼다. 조금만 더 힘내자고 응원한다.

세 번이나 죽을 고비를 넘긴 것은 오히려 나의 인생에 버팀목이 되었다.

세 번을 넘기 죽을 고비의 너머에 이 세상에 무언가 꼭 해야 할 일이 있다면 그것은 그림으로 우리 문화를 그리는 일이면 좋겠다.

어느새 그리움은 그림이 되었고 나에게 와서 꽃이 되었다. 꽃에 물을 주고 정성껏 가꾸기 위한 나의 붓질은 계속될 것이다.

쓴맛의 단맛

　대전 시 동구 식장 산으로 가는 아랫마을에 삼정동 71번지에는 구옥이 있다. 30년 전 아버지의 권유로 샀던 170평 구옥을 지금은 둘째 형부가 드나 드시며 집을 지켜 주신다.

　그곳 텃밭에는 상추와 부추, 포도나무와 채리나 무, 그리고 모과 등의 유실수와 각종 꽃나무와 기묘한 바위가 소나무와 어우러져 있다.

　둘째 형부의 취향대로 각종 나무들과 푸성귀도 자라고 있다.

　오랜만에 삼정동에 들러 가족들과 머위를 뜯으니, 어릴 적 마당 깊은 집 추억 속으로 하나둘씩 빠져들기 시작했다.

　그중에서 머위에 대한 추억은 여러 가지가 있다.

머위의 맛

상추, 부추, 파, 고추 등을 심어 밥상을 내어 주셨던 엄마.

엄마는 쓴 머위를 쪄서 물에 담갔다가 꼭 짜서 고추장이나 쌈장에 싸 드셨다.

쓴 머위 잎을 쪄서 쌈 드실 땐 엄마의 입맛이 신기하고도 이해가 되지 않았다.

집에서 키우던 닭들도 쓴 머위는 먹지 않는다는데 사람들은 쓴 머위를 맛있다고 먹었다. 어릴 적에는 그 말이 너무 이상하다고 생각했었다.

다만, 머위의 잎은 물론 줄기까지 삶아서 껍질을 벗겨 들기름에 볶아 먹으면 아삭하면서 부드러운 볶음도 반찬 중에서 특히 일미였다. 특히, 오뉴월이면 상추를 심어 어린 것을 솎아 오이와 함께 냉채를 해서 얼음 넣어 먹으면 새콤하고 달콤하였던 시원한 맛은 잊을 수가 없다. 시장을 가도 마트를 가도 팔지 않았다. 그때 엄마의 일품 요리인 냉채를 만들 기회는 없어서 이따금 아쉬웠다.

아마도 어릴 적에 상추씨를 뿌리고 상추가 자라면서 상추를 솎아 내셨던 것 같다. 어린 상추를 정성껏 다듬어 오이와 함께 조선간장으로 간을 해 맛있는 냉채를 해주셨다. 더운 날 그 맛이 참 시원하고 맛깔나서 참 맛있었다.

참 이상한 일이다.

봄에 기운이 빠질 때나, 나 무기력으로 심신이 가라앉을 때마다 옛날 음식이 그립다.
지천명이 되고 나니 머위가 먹고 싶을 때가 가끔 있다.

엄마의 천하일미

자고 일어나 입안이 마르고 텁텁할 때, 엄마의 말씀처럼 쓴 머위를 먹으니 입맛이 돌고 특효약이 되어 주었다. 어느덧 머위의 쓴맛을 단맛으로 느껴지는 나이가 되었다. 예전에 엄마가 머위 쌈 한 입 먹어보라고 하셨던 그 의미를 알 것만 같다.

엄마의 입맛을 돋우는 반찬이 또 있다.

청양고추 송송 썰어 조선간장에 쓱쓱 비벼 먹으면 천하일미 부럽지 않다고 하셨다.

지난번 가족 모임에 둘째 언니의 모습에서 엄마의 모습이 오버랩 되었다. 젊은이 들이 매운 닭발이나 마라탕을 먹으면 스트레스가 해소 된다고 하는 것처럼 저마다의 소울 푸드에 추억이 담겨 있다.

나이 들면 알게 되는 것.
그런 소중한 일들이 그때는 전혀 알 길이 없었다.

세월이 흐르며 알게 되는 것들

삭신이 쑤신다. 입맛이 쓰다.

그 시절 엄마의 푸념으로만 생각 되었던 말들이 가슴에서 그리움으로 울컥하게 다가온다.

보고 싶은 엄마,

단 한 시간이라도 엄마가 살아 돌아오신다면 따뜻한 쌀밥에 머위 쌈과 청양고추 간장 만들어 밥상을 차려 한 끼 식사라도 대접하고 싶다.

몸이 아픈 큰언니와 언니를 돌보는 둘째 언니의 손맛에서 엄마를 느낀다. 잘 해야겠다는 생각이다. 엄마의 손맛을 이어받은 둘째 언니. 언니는 손끝으로 엄마의 음식 맛을 찾아내어 우리들이 그리움을 종종 채우고 있다.

나는 그림으로 색채로 엄마의 김치를 그리고 화폭에 담아낸다.

쓴맛에서 단맛으로 바뀌는 소중한 체험은 세월이 지나면서 저절로 알게 되는 것 같다. 입에 쓴 약은 몸에도 좋다. 엄마의 잔소리가 그리워지는 나이가 되니 엄마의 빈자리가 더 커진다.

"너도 나이 들어봐라, 저절로 알게 된다."

나이가 들면서 알게 되는 쓴맛의 단맛.
엄마의 쓴맛은 나에게 준 단맛 때문임을 이제야 알고 나니, 눈이 괜스레 뿌옇게 흐려진다.

나의 살던 고향은

"맷돌 호박 가져갈까요?"

수강생 선생님께서 화실에 진열용으로 맷돌 호박 두 개. 모과 4개. 그리고 대봉감을 5개 가져오셨다. 금세 화실에 가을이 살포시 들어온 것 같아 마음이 푸근해진다. 보내주신 마음이 따뜻하고 감사하다. 감을 보면 고향의 향수가 느껴지는 시간이다.

대전시 동구 인동 216번지 14통 1반, 내가 살던 고향은 늘 자연이 느껴지는 공간이었다. 1966년에 대전에서 태어나 초, 중, 고와 대학 후 거의 30여 년을 한 주소에 쭈욱 살았다. 이것이 참 고마운 일이라는 것을 지천명이 지나서야 알게 되었다.

지금은 재개발되어 고향집의 흔적에 아파트만 남았지만 나의 고
향집은 마음 한 곁에 자리하고 있으며 삶의 추억이 담긴 공간이었
음을 늘 추억하곤 한다.

은진송씨 문의공파 종갓집에 태어났던 나는 2남 5녀의 넷째다.
언니들, 오빠, 남동생과 여동생이 있었고, 삼촌과 고모들까지 해서
우리 집안은 늘 대식구로 복작복작했었다.

호랑이라 불리던 할머니

기와집에 ㄷ자형으로 마당에는 각종 여러 가지 석류나무, 자두나무와 감나무, 은행나무 등 유실수가 있었다. 마당과 연결된 텃밭까지 170평이었다. 그러니 텃밭에는 사시사철 푸성귀가 가득한 전형적인 한옥이었다.

친할머니는 쪽 찐 머리에 비녀를 꽂으시고 단아하신 모습에 집안에 어른으로 엄하셔서 동네에서 호랑이 할머니라고 불렸다.

엄마는 순하고 따뜻하고 자애로운 분이셨다. 손발이 마를 날 없이 동분서주 일을 달고 사셨던 고마운 엄마를 생각하면 마음이 저릿하고 아려온다.

한옥 담장은 한쪽은 가시나무 담장이었다. 나머지 면은 다른 집들과 담을 경계로 있었다. 가시나무 방향의 마당에는 봄에는 백합부터 개나리, 장미와 야생 찔레꽃, 앵두꽃이 피어나고, 여름이면 앵두와 자두가 열렸고, 가을이면 감나무와 은행나무에 노오란 은행을 온 가족이 주어서 도매시장에 내다 팔아 제수 음식을 준비하셨던 추억이 있다.

김장 때면 온 가족이 모여 김장을 했다. 땅속 깊이 묻어둔 항아리에서 숙성된 김치맛이 그립다. 겨울이면 나뭇가지에 소복하게 쌓인 눈은 그야말로 최고의 절경이었다.

텃밭을 일구시며 대식구의 먹거리를 위해 늘 애쓰셨던 엄마의 모습이 가슴으로 들어왔다. 나이가 들면 들수록 또한 그림을 그리면 그릴수록 애틋하고 선연하다. 지금 엄마가 내 곁에 계신다면 따뜻한 쌀밥에 배추김치, 맛있는 보글보글 된장찌개, 조기구이와 김 등 소박한 밥상을 차려드리고 싶은 마음이 간절하다.

큰아들을 먼저 보내고 가슴속에 묻어야 해서 마음 아프셨을 엄마, 살아 계실 때 늘 마음 아파하셨던 큰 언니, 아픈 언니를 모시는 둘째 언니, 미국에서 간호사를 하는 셋째 언니, 학생들을 가르치는 남동생, 그리고 김치를 그리는 수채화 화가인 넷째와 매란국죽을 서양화로 그리는 서양화가 막내가 서로 우애 있게 잘 지내고 있다.

종갓집 종부의 삶이 얼마나 고되고 힘드셨을지 감히 생각조차 할 수 없었던 나는 빨리 어른이 되고 싶었다. 마당 깊은 우리 집보다 아파트가 부러웠었다. 지금은 오히려 마당 있는 주택에 꽃들이 가득한 집들을 보면, 어릴 적 내가 살던 고향을 떠올리곤 한다.

파릇파릇한 유채꽃이 장독대 뒤에 가득히 피어나 하늘하늘 거렸고 무우꽃, 파꽃, 부추꽃의 아름다운 모습이 추억을 따라 선연하게 남아있다. 지금은 나의 화폭에 물맛으로 살포시 피어난 꽃들을 통해 나를 위로하는 나만의 '소확행'을 느끼곤 한다.

나비가 날아다니고, 유채를 다듬어 하루나 비빔밥을 만들어 툇마루에 걸터앉아 된장에 쓰으윽 쓰윽 비벼먹었던 추억이 그립다. 그곳엔 늘 밥상에 엄마가 계셨다. 지금은 천국에서 누구보다 우리를 응원하고 계시리라 믿는다.

내가 살던 고향은 나를 초심으로 되돌아보게 하는 고마운 곳이며, 화가인 나의 그림에 대상인 그리움이 일렁이고 추억이 가득한 곳이다. 그래서 내 그림에는 항상 내가 살던 고향의 고즈넉함이 베어난다. 땅속 깊이 묻어둔 김치의 숙성된 맛을 가장 잘 표현할 수 있는 화가로 나는 여전히 고향 땅에 묻힌 그리움을 꺼낸다.

가족애

큰언니가 교육행정직 공무원으로 초등학교 서무과에 근무를 할 때이다. 야간대학 국문과를 다니며 열심히 지냈다. 그러던 어느 날 쓰러졌다는 연락을 받았다. 그리고 중환자실을 오가더니 머리에 이상이 생겨 장애가 생겼다. 옆에 가족이 붙어 있지 않으면 일상생활이 어려울만큼 장애를 얻고 말았다.

그때부터의 엄마의 헌신과 노력은 이루 말할 수 없었다. 버스를 몇 번이나 갈아타고 먼 길까지 나을 수 있는 방법이 있다면 지푸라기라도 건진다는 속담처럼 희망을 이어갔다. 최선을 다해 정성껏 보살폈다. 엄마가 갑자기 심근경색으로 소풍 가신 후에 그때는 미처 보지 못했던 어려움을 우리 자매들은 기꺼이 감내하기로 했다.

또 나와 동생이 자주자주 언니에게 찾아가 식사와 함께 좋은 시간을 보냈다.

　아버지께서 재산 한푼도 남기지 않으셨지만 엄마의 헌신적인 모습을 보고 자랐기에 우리는 더욱더 아픈 언니를 통해 우애가 깊어지고 단단해졌다.

김치 수제비

"쓱쓱~ 쓱으쓱"

"엄마 뭐 하세요?"

"응, 수제비 뜨는 중이야~"

"아~ 그래요, 나는 수제비 싫은데~"

"그럼 넌 밥 남은 거 있으니 국이랑 먹어"

후두득 후두득 가을비가 내린다. 부뚜막에 걸터앉아 밀가루 반죽을 쑤어 잠시 두고 숙성 시킨 후 수제비를 뜨시던 모습이 유난히 그립다.

무명 앞치마에 손발이 다 닿도록 고생하신 종갓집 종부, 얼큰한 김장 김치 쓱쓱 썰어 넣어 수제비를 뚝딱 끓여 내시던 엄마. 주름진 손으로 도시락을 엎어 반죽을 쓱쓱 하시면 신기하게 밀가루 반죽이 큰솥에 미끄러지듯 퐁당퐁당 떨어져서 익어갔다.

나랑 언니는 구경하다 좀 더 되직하게 얇게 펴서 하나씩 둘씩 수제비 만들기를 돕기도 했다. 밀가루 음식을 싫어하는 나는 수제비보다 밥이 좋았다. 그에 반면 막내 동생은 칼국수, 짬뽕, 국수 등 밀가루 음식을 좋아했다.

잊지 못할 그 옛 맛

같이 미술학원도 하고, 그림을 그리는 작가로 같은 길을 걷다 보니, 요즘에는 점심에 면 종류의 식사를 한다. 이제는 가끔 내가 먼저 칼국수나 우동을 찾기도 하는걸 보니 옛 맛을 잊지 못한 탓이리라.

전시회 준비로 무리한 작업에 몸살이 나서 약을 먹고 쉬는데 불현듯 김치 수제비가 먹고 싶었다. 인터넷을 검색해 보아도 칼국수는 많은데 김치 수제비 파는 곳이 없었다.

그냥 시간이 지나면 잊히겠거니 하고 생각했는데 몸살이 심해지면 심해질수록 몸이 아프니 더욱 김치 수제비가 먹고 싶었다.

김치 수제비를 그렇게도 싫어했던 나인데 왜 하필 아플 때 그 맛을 그리워하는 걸까. 참 아이러니 했다.

몸이 조금 나아진 후에 아파트에서 밀가루 반죽을 해 냉장고에 숙성 시킨 후 수제비를 조금 만들었다. 수제비를 떠서 먹으려는데 갑자기 나도 모르게 눈물이 주르륵 흘러 내렸다.

"아~ 이게 뭐야~ 수제비가 뭐라고 눈물이 나는 거야, 아휴~, 몸이 아직 덜 나은 게로군"

나는 나 자신을 안다. 수제비를 먹고 싶은 마음은 어머니의 손맛이 그립다는 것이다. 아니 엄마가 몹시도 보고픈 탓이다. 그날 그 수제비는 눈물 반 콧물 반 무슨 맛 인지도 기억이 나지 않는다.

다만 그 이후로 칼국수 가게는 많은데 수제비 만드는 곳은 적은 것과 김치 수제비는 파는 곳이 없으니 내 어릴 적 우리 집 쏘울 푸드로만 기억하고 있다.

그리운 엄마의 김치 수제비

수제비 글씨만 보아도 마음이 푸근해진다. 어머니의 손맛이 느껴지는 수제비, 김치 수제비는 어디에서나 맛 볼 수 있는 음식이 아니었다. 더욱이 엄마의 손맛은 다시는 맛볼 수 없는 진미다. 어릴 때는 그렇게 싫어했던 수제비를 이렇게 그리워하게 될 줄은 몰랐다.

늦가을이면 700포기의 배추들이 수돗가에 가득했고, 펌프 물에 마중물을 넣어 수없이 펌프질을 해서 씻고 절이고 해서 빨간 김치의 속을 치득치득 바르던 모습이 그려진다. 종갓집 대식구의 가족을 위해 고생하셨던 엄마.

"엄마는 언제 가장 행복하셨어요"하고 물어보니
"너희들 클 때, 정신없이 바빴어도 좋았지~"라고 하셨다.

그 후 엄마가 계실 때에 큰오빠가 심근경색으로 갑자기 돌아가신 일, 큰 언니가 아파서 장애를 갖게 된 일, 등 엄마의 가슴에 대못이 몇 개 박혔다.
그 후 친손자가 서울대에 입학 한일, 넷째와 다섯째까지 지금은 화가가 된 딸들을 엄마가 보지 못하셨으니 천국에서나마 상처를 보듬을 수 있었으면 좋겠다.

2012년 꿈속에서 아로쉬 지 한가득 있는 방으로 작은 엄마가 날 부르시며 "너희 엄마가 준 선물이야, 원혜랑 같이 쓰라고 주신 거야" 하셨다.

살아생전 딸에게 하고 싶은 것을 마음껏 하라고 하셨던 우리 엄마, '그 이후로 그림을 그려 이렇게 화가가 되었네요.' 자랑하고 싶다.

'엄마를 생각하면 늘 따뜻하고 감사해요. 제사 때면 늘 나박김치를 담그셨던 엄마, 김장 때는 배추김치, 총각김치, 동치미를 담그셨던 그 모습을 지금 이 딸은 아로쉬지 위에 그려내고 있답니다.'라며 감사를 표현하고 싶다.

그런 김치로 만든 김치 수제비를 먹고 싶다고 느끼는 것은 아마도 엄마의 손맛이 자꾸만 생각난다는 것이다. 김치 수제비는 정성과 사랑이었음을 이제 알 것 같다. 수제비 하나를 떠 넣을 때마다 끓어오르는 김 때문인지 눈물 한 방울이 찔끔 차오른다.

3단 화환

2024년 6월 27일 목요일. 동생과 함께 대전에 일이 있어 동생 차를 타고 국도로 가는 길이었다.

"여보세요, 여기 지금 크로바 화실 앞인데요, 화환을 하나 배달해야 하는데, 이거 어디에다가 두어야 하죠? 하고 전화가 왔다.

"화환이 올 일이 없는데. 잘못 배달 된 것 같아요"라고 했더니

"송보영 작가님 맞으시죠?"라고 한다.

누가 보낸 건지 알아야 한다고 했더니 문자를 보내 준다.

잠시 후 "남편분이랍니다."하는 문자가 왔다.

순간 어이가 없어 말이 나오지 않았다. '도대체 무슨 뜻으로 화환을 보냈을까?' 밤새 한집에서 있던 사람이 뜬금없이 보내온 화환이 오늘의 화두가 되었다. 할 수 없이 비밀번호를 알려주고 현관 안에 넣어 달라고 했다.

남편의 마음

그리고 대전 가서 볼일을 보고 점심 먹고, 오후 4시쯤 화실에 도착했다. 난 화분이나 혹은 작은 꽃 화분을 보냈거니 생각했다.

그런데 화실에 들어온 순간 "우와~, 이게 뭐야" 내 키보다 큰 3단 화환에 크기에 화들짝 놀라고 말았다.

"뭐야~~~~ 이렇게 큰 화환을~~어디에다 두고 보려고" 남사스러위 뜨악하고 말았다.

"아이쿠~~~~~ 야"

야외 전시장이나 특별한 장소에나 어울릴법한 화환에는

'크로바 화실 송보영 작가님의 대한민국미술대전 초대작가 선정을 축하합니다,' 라고 써 있었다.

조그만 난이나 꽃다발은 괜찮지만 왜 이렇게 큰 화환을 보냈냐고 전화하니 '깜짝 이벤트'라고 한다. 너무도 큰 사이즈의 화환을 부담스러워 폭풍 잔소리를 하고 나니 마음에 걸렸다.

그리 '잘못도 아닌 것을 굳이 잔소리 했어야 하나?'하면서도 지금 이 상황은 도대체 현실과 맞질 않았다. 원래 경상도 사나이라서 표현이 서툰 남자의 축하 메시지였을 것을 생각하니 공연히 미안한 생각도 들었다.

마누라를 생각해 줘서 고맙다는 감사 인사는 되지 못할 망정 폭풍 잔소리를 퍼부었던 것이다, 머쓱한 마음을 나도 표현하지 못하고 인증샷으로 찍어놓고 난 후 낼 오전 중으로 화분을 치워 달라고 했다,

남편은 퇴근 후 이왕 이렇게 된 것이니 하루만 더 있다가 토요일 오후에 가져가면 좋겠다고 했다. 이렇게 3단 화환은 화실 앞에 있다가 시들기 전에 꽃집에서 거둬 갔다.

사람 오래 살고 볼일이라고 가끔 내 생각과 다른 생각의 엉뚱한 일을 벌이는 남편의 일탈로 웃지 못할 당황함이란 뭐라 표현 할까? 오랜 시간 앞만 보고 달려온 아내를 생각하는 마음만으로 지켜주고 바라보는 것만으로도 좋았을 것을...

가족들이 내겐 꽃

그래, 1단도 아니고 2단 아닌 3단을 보낸 뜻은 믿음 소망 사랑을 담았으리라. 지금껏 한집살이 하면서 서로에게 호들갑스럽게 표현하지 못한 마음을 3단 꽃에 감추고 내게 보내온 남편의 마음에 감사하자.

이제 초대작가 하면 저절로 3단 화환이 생각날 듯하다.

그림을 시작해서 경제적인 것보다 오직 앞만 보고 달려온 시간, 때론 힘들고 어려울 적마다 힘이 된 가족들이 내겐 꽃이었다. 어찌 보면 구도자처럼 딱 한 가지 그림 이외엔 그리지 않던 고집이 내가 너무 이기적인 건 아니었을까 생각이 든다.

그림이 너무나 좋아서 한길만 바라본 내 자신을 돌아봤다. 모름지기 예술을 하는 사람은 나 자신뿐 아니라 상대방을 넓게 포용하는 마음을 가져야 하는 건데, 속 좁은 내 자신을 허허 웃으며 화환을 치워준 마음씨 착한 꽃사슴 남편에게 미안한 생각이 들었다.

오늘도 작업실로 와서 화분에 물을 주며 나 자신에게 말을 건넨다. 살면서 고마움이나 사랑의 마음을 1단이 모자라면 2단으로 그것도 모자라면 3단으로 표현하며 살리라. 화분이 중요한 게 아니고 다른 사람에 이목보다 소중한 건 가족이라고...

나의 부족함까지 웃음으로 넘겨준 가족이 있기에 나의 김치가 있고 유산균이 있는 것이다. 3단 화환으로 인해 나 자신을 3번은 돌아볼 일이라 참 감사했다.

너나들이

"밥 한 끼 먹을까"

"좋아~ 언제 먹을까"

오랜만에 만나자는 친구의 카톡 문자가 반갑다. 몇 개월 만에 연락이 와도 어제 본 것처럼 늘 편안하고 좋은 친구이다. 30년을 넘게 친구 할 수 있었던 건 서로를 늘 아껴주고 서로의 생각이 비슷해서인 듯싶다.

우리는 다른 듯 비슷한 결을 가졌다. 20대 후반 산과 바다가 좋아 여행하는 걸 좋아해서 '여행스케치'라는 모임에서 만나 산악회 활동도 같이 하고 볼링 모임도 함께 했다.

대학에서 철학을 전공하고 지금은 사업가로 2남매의 엄마로 멋지게 살고 있는 절친이다. 그의 남편도 산악회 회장님으로 나랑 친구와 함께 대전천양원에서 봉사활동을 몇 년 동안 이어 왔었다.

맨 처음 미술을 전공한 선생님 다섯 명이 번갈아 가며 재능 봉사를 3~4년 하였다. 결혼이나 이직으로 그 일이 중단될 것 같다는 아쉬움을 친구인 수정이에게 말했다.

수정이와 그의 남편이 된 근호 씨는 기꺼이 다른 일도 나와 함께 해주었다. 천양원에서는 아이들의 단체이동은 어려우니 6학년 아이들을 먼저 해 보는 걸 제안했다.

아이들에게는 관심과 사랑이 중요하다 생각했기 때문이다. 우리는 아이들에게 이모나 삼촌이 되어 주자고 했다. 아이들에게 물질적인 면보다 말 한마디, 정성 가득한 밥 한 끼가 더 중요하니 그걸 우리가 하자는 것이었다.

그렇게 우리는 아이들의 이모, 삼촌이 되어 주었고, 주말에 삼계탕, 백숙, 삼겹살 등...아이들이 좋아하는 음식과 간식으로 캠핑하는 시간을 통해 아이들과 즐겁고 소중한 추억을 선물해 주었다. 꾸준하게 봉사를 하며 좋은 친구가 곁에 있음이 아주 고마웠다.

우리의 우정은 더욱 더 깊어져 갔고 그 둘의 사랑은 결혼 이라는 열매를 맺었다. 돌이켜보면 풋풋하고 아름다운 추억의 한 부분이다.

그리고 그 후 친구가 운영하는 팬션에 행복이 온다. 이영철 작가님의 그림이 벽화로 그려졌을 때의 소중한 경험은 또 다른 선물로 남아 있다.

힘들고 어려울 때 손잡아 줄 수 있는 친구, 친구의 행복을 누구보다 기뻐해 주고 응원 해주는 친구다. 30년을 넘어온 우정은 전시 때가 되면 거리가 멀어도 기꺼이 달려와 준 고마운 친구이다. 친구가 화분, 식사, 소품을 챙겨준 덕분에 다른 작가의 부러움의 대상이 되기도 했다.

"송 작가는 좋겠네~ 이런 친구가 있어서"

나 또한 친구에게 그런 친구로 함께 할 것이다. '지란지교를 꿈꾸며'에 나오는 그런 친구가 나는 있다. 소중하고 고마운 친구다.

변치 않은 우정의 친구가 있어 힘들고 어려울 때 그 힘이 되었다. 내가 아프고 힘들 때 약봉지를 사서 와 줄 수 있는 친구, 아주 힘들 때 함께 울어 줄 친구, 따뜻한 위로와 마음을 너나들이 할 수 있으니 감사하다. 우리의 우정은 천천히 익어갔다. 나의 그림도 서서히 익어 갈 것이다. 천천히 뜨겁게

엄마, 말보다 따뜻한 사람

토닥한 손길
따스한 침묵
엄마는 늘 말보다 손이 먼저
움직이는 분이셨다.

칠월 칠석
항아리위에 소지를 올리시고
자식들의 안녕을 간절히 기도하셨다.

아픈 언니의 병수발
기차와 버스를 갈아타며 어렵게
약을 구해 오시던 묵묵함에
아직도 내 가슴이 먹먹하다.

친구를 좋아하고
술과 담배에 자유로운 영혼이셨던
아빠 곁에서도 꾸준히 내조 하셨다.

한마디보다 더 많은 위로와 지지를
그 손길 하나로 표현 하셨다.
아파도 "괜찮다"
힘들어도 "그저 그렇다" 하셨다.

따뜻한 음식을 말없이 내어주며
김장 500~700포기 앞에서도
당연하다며 기꺼이 "내일이니까"

큰오빠를 가슴에 묻고도
울음을 삼키셨다.
엄마는 늘.
수수하고 꾸밈없이

그러나
누구보다 속 깊은 사람
그분이 바로 내 엄마였다.

수채화 개론

　수채화는 나에게 그리움의 대상이었다. 그림을 그린다는 것은 작가의 심상이 그대로 그림으로 투영하는 일이다. 그림을 그리면서 나 자신을 더 많이 알게 되었다. 그림을 가까이 하면서도 늘 수채화 주변을 서성이며 많이도 망설였다. 망설임의 순간들에서 나의 조각들을 찾아갔다.

　경제적인 활동을 하면 그림이 그리웠고, 그림을 그리면 경제적인 부분이 마음에 부담으로 왔다. 직장을 열심히 다니는 남편의 수입에만 의존하지 않고 내 스스로 해결해야 하는 부분이라고 생각했다.

하지만 그림 그리는 작업에 드는 비용은 물론 디피며 때론 작품운반, 식품소재를 위한 출사 뿐만 아니라 그림에 빠져 사는 작가의 모습을 지켜보았던 가족의 헌신과 배려를 생각하면 감사할 뿐이다.

　평생을 그림을 업으로 한다는 일을 하고 있다. 전업 작가!
수채화작가!

그리움을 따라 잔영을 그리다

어느 날 홀연히 심근경색으로 엄마가 이승을 떠나 저승으로 소풍 가신 후에 나의 마음에 헛헛함은 이루 말을 할 수 없었다. 그때 그리움이 내 손에 힘을 주었고 마침내 나는 붓을 다시 잡았다. 허전한 마음과 삶에 허무를 오롯이 채워가는 것이 그림이었다.

김치를 다듬고 씻어 절구고, 물에 씻고, 헹구시던 어머니의 모습이 네겐 마음속에 하나둘 사진처럼 들어온 장면이었다. 그리움을 따라서 어머니의 잔영을 열심히 그렸다. 수채화의 수용성과 김치를 물에 씻으시던 엄마의 손맛을 표현하기에 최상의 재료라는 생각으로 그리고 또 그렸다.

유화나 아크릴에서 볼 수 없는 수채화의 장점은 맑고 투명하고 담백한, 본연의 담백한 느낌을 전할 수 있다는 생각이었다. 나는 수채화에서 종이는 황목을 주로 사용한다. 거칠고 투박한 느낌에서 표현되는 자연스러움이 좋아서다.

수채화를 하는 이유는 각자 다르겠지만 맑고 투명한 느낌이 좋다. 반면 수채화의 단점은 가볍다고 한다. 그런데도 수채화의 장점을 극대화하고 단점을 보완하기 위해 노력해 나갔다.

수채화의 흰 부분을 마스킹으로 남기는 경우가 있는데 나는 마스킹을 쓰지 않는다. 물 조절과 색조절을 이용해서 최대한 자연의 느낌을 나타내고 있다. 처음에는 종이와 물감이 따로따로였다. 매트하고 가벼운 느낌을 없애는 방법은 오직 꾸준한 노력과 성실함이라 생각했다.

하지만 누구나 쉽게 가볍게 생각하여 시작하지만 막상 수채화를 시작하다 보면 만만치 않다는 어려움을 나도 봉착한다. 수채화는 예민하고 까다롭지만 참 매력이 많은 장르다. 쉽게 곁을 내주지 않는다. 물맛이 났다가 안 났다가 처음에는 그 물맛을 내기가 너무 어려웠다.

그림을 통해서 겸손과 인내를 배울 수 있었다. 물러설 줄 알게 만들었고 기다리게 되었다. 적당하게 종이가 물은 품을 수 있는 기다림과 적당한 타이밍에 붓질만이 깊은 색감과 물맛을 표현할 수 있었다. 그 적당함이 익숙해질 때까지의 기다림과 인내, 부단한 노력으로 조금은 가까이 할 수 있는 인생 여정의 친구를 찾았다.

수채화 용지 아로쉬는 356g이며 프랑스에서 만들었다. 현재 우리나라 미젤로에서 300g으로 수채화 용지를 만들었는데 사용해 보니 괜찮다. 수채화 용지는 맑은 날 과 흐린 날 비 오는 날 패널의 씌우고 말리는 방법은 같지만 습식방식이라 날씨의 영향을 많이 받는다. 나는 맑은 날, 낮에 작업하는 것을 선호한다. 흐린 날은 드로잉이나 아이디어 스케치를 한다.

인생은 짧고 예술은 영원하다

누군가 인생은 짧고 예술은 길다고 했다. 수채화는 그릴수록 어렵지만 참 매력이 있다. 내 하루가 짧지만 그림 그리는 작업은 영원하다. 내 삶의 색처럼 맑으면서 깊이 있는 느낌이나 공간감을 살린 그림을 그리기 위해 노력하고 있다.

좋은 종이에는 종이 특유의 꼬릿한 내음이 있다. 좋은 종이일수록 더 그렇다. 내음이 약간 더 난다. 대부분 그런 냄새가 나는 용지가 질이 좋기 때문에 그런 종이를 만날 때면 그 내음만으로 작가로서 살짝 설레기도 한다. 홍탁을 좋아하는 사람이 그 내음을 그리워하는 것처럼 말이다.

그리움을 따라 그림을 그리며 살 수 있어 감사하다. 우리 문화 속에서 따뜻한 정이 흐르고 김치의 속에서 발효되는 김치는 발효 과학이다. 나는 김치 작가로서 김치 겉모습만이 아니라 그 안에 내재한 진실과 정을 붓으로 찾는 중이다.

그리움이 내재한 아름다운 김치

가장 나답고 가장 한국적인 수채화 작가로 사람에게 널리 이로운 문화를 남기고 싶다.

반 고흐,
영혼의 편지를 읽고

2018. 05. 24. 선물을 받았다.

"여보세요. 어~, 보영이니~, 잘 있었니~, 나 작은 아빠다. 주소 좀
보내줄래, 내가 뭐 보내줄게 있어서~"
"아~ 네~ 감사해요"

서울 분당에 계신 작은 아버님께서 주소를 물어보시더니 선물을
보내주셨다.

《〈반 고흐. 영혼의 편지 예담 출판사 〉》   '

빈센트 반 고흐의 불꽃 같은 삶을 생생히 바라볼 수 있는 책이다.

평소에 말 수가 적으신 무뚝뚝한 작은 아버님이고 어려워하는 분이시라 자주 소통을 못했기에 더욱 뜻밖의 선물이라 생각이 들었다. 책을 읽으며 때로는 고흐의 삶에 안타까워 눈시울이 뜨겁게 했고, 때론 순수하고 열정적인 고흐의 모습에 매료되어 아낌없는 응원을 보내며 책장을 넘겼다.

한줄 한줄 그의 순수함과 작품에 대한 열정과 노력에 감동되어 나의 목말랐던 마음을 촉촉하게 적셔 주었다. 몇 번을 읽고 또 읽었다.

그리고 제주에서 고흐의 정원을 찾았을 때, 감동이 두 배로 느낄 수 있었던 건, 책을 통해 진하게 고흐와 우연히 만났기 때문이리라. 책에서만 느낄 수 있는 깊이와 사고의 시간을 통해 작가가 그림을 대하는 태도까지 깨닫게 할 수 있는 소중하고 귀한 시간이었다.

'빈센트 반 고흐, 불꽃 같은 열정을 불태운 삶'

치열한 그의 삶 속에서 해바라기 작품과 별이 빛나는 밤에 작품이 왜 사람들이 그토록 열광하고 사랑 받는지 조금은 알 것 같았다.

영혼 소박한 사람들에게 말을 거는 그림, 오직 그림을 통해서 말을 건 화가, 8년간 800 작품을 그리고 살아 있을 적 작가로의 명성이나 이름보다 순수하게 작품에만 모든 걸 쏟아 놓은 화가~ 천재 화가 고흐.

그는 천재성에 노력과 열정을 다한 화가이기에 그의 그림은 더욱 빛이 난다. 덕분에 나는 고흐의 매력에 빠져 아이들을 지도하면서 중학교 자유 학기 수업 시간에 한 학기를 명화 그리기로 고흐의 그림을 재해석해서 그리도록 지도한 적도 있었다. 아이들이 명화를 쉽게 다가갈 수 있도록 노력 했었다. 아이들이 참 좋아 했다.

고흐는 네게 그림의 진정성을 가르쳐 주었다. 서울 인사동에서 첫 번째 개인전에 와주셨던 작은 아버님, 묵묵히 자신의 길을 찾아가는 조카에게 작품활동 하는데 힘이 되라는 응원의 메시지 일 것이다. 예술의 길이 얼마나 힘들지를 염려하기에 엽서와 책과 격려를 보내 주신 것이다.

고흐에게는 태오라는 동생이 있었는데, 내겐 서양화 작가인 막내 동생 송원혜 작가가 있어서 참 든든하다. 같은 길을 바라보는 작가의 시선으로 지금도 함께 한다. 아낌없이 촌철살인의 충고를 해주는 그런 동생이 그저 고맙다. 덕분에 어려움 고비고비 잘 넘어왔다.

감사하고 고마운 일이다. 고흐의 반짝이는 영혼처럼 그림에 대한 진정성과 노력을 담아내고 싶다. 오늘도 고흐의 반짝이는 영혼처럼 나도 그림 속으로 한 걸음씩 다가간다.

꿈이 뭐냐는
질문에 대하여

민음과 희망을 그리면서 조금씩 키워 나가고 있다. 가족과 주위에 사람들이 내게 '꿈이 뭐냐?'라고 물으면 '화가요~'라고 대답했다.

주위에서는 화가보다 돈 되는 것이 중요하다고 하셨다. 화가가 되고 싶은 나의 꿈은 잠시 잊히는 듯했다. 대학에서는 화가와 다른 디자인의 길을 가고 있었지만 그림을 그릴 수 있어 마냥 행복했던 시간이다.

인문계 고등학교에 들어가 그림을 좋아하는 나에게 '송 화백'이라고 늘 불러주신 김철호 미술 선생님 덕분에 학교 가면 미술실을 꼭 거쳐 교실로 갔다. 3년 내내 미술반장을 맡겨 주셨고, 나는 뿌리화실을 다니며 열심히 그렸다. 졸업 때 공로상을 탔다.

하지만 대학에서 디자인 전공을 하게 되었다. 입시학원에서 미술 강사로 일하며 그림을 그렸고, 졸업 후 교수님의 추천으로 강남에 있는 디자인 사무실에 취업을 했다.

직장생활을 하면서 내가 생각하는 그림과는 멀어진 내가 아쉽고 메마른 느낌이었다. 다시 대전으로 내려와 인테리어 사업본부 디자이너로 일하며 3년 동안 든 적금으로, 작은 아동 미술교습소를 시작했다.

입시 때 학생들을 지도해본 경험이 많은 도움이 되었다. 아이들과 함께하는 시간 동안 초상화도 배우고, 도예도 배우며 여러 가지를 잘 가르치기 위해 더 배웠지만 미술에 대한 목마름은 채워지지 않았다.

엄마가 심근경색으로 돌아가시고 난 후 헛헛함과 상실감이 말할 수 없이 커졌다. 제2의 인생으로 지속할 수 있는 무언가를 하고 싶은 마음이 컸다.

취미로 수채화를 하고 싶다고 하니 남편은 흔쾌히 허락해 주었다. 간절하고 절박한 마음이 닿았을까 두 번의 과정을 거쳐 수채화의 대가이신 최홍열 선생님을 만나 수채화를 1년 반 동안 배울 수 있었다. 또한 대전 사생회에 들어가 스케치를 다니면서 자연의 아름다움에 매료되어 꾸준히 스케치를 하였다.

2016년부터 대전 시전과 대한민국 미술대전 시작하였다.

좋아서 시작한 그림이지만 아이들을 가르치는 일은 작가로서의 작품 활동을 하는 일과는 다른 점이 한 두 가지가 아니었다. 각오는 하고 시작한 그림이지만 뒤늦게 시작한 그림이 중단되는 일이 없도록 최선을 다했다.

대한민국미술대전 공모전 준비에는 입술이 부르트고 입에서 쓴 내가 났다. 그저 기도하는 마음으로 최선을 다해 그렸다.

늘 생일 있는 달에 발표를 했다. 나의 노력에 응원이라도 해주시는 것처럼 늘 입선이 주어졌다, 하늘에서 지켜주시는 것 같아 너무나 감사하고 힘이 되었다.

그림이 익숙해지고 편해 질 때쯤 나는 100호 2개에서 4개로 두 배의 노력을 시작했다. 때로는 나의 열정과 욕심이 지나쳐 허리가 아파 물리치료를 받아야 했고, 그림을 그릴수록 나의 부족함이 드러나 마음이 힘들 때도 있었다.

좋아서 선택한 길이기에 그 어떤 어려움도 이겨낼 수 있었던 것 같다.

늦게나마 내가 하고 싶었던 그림으로 제2의 꿈을 키워 나갈 수 있어 감사하다. 용기를 낼 수 있어서 다행이고 꾸준히 실천할 수 있어서 다행이다.

돌이켜보면 원동력이 된 이유가 있다.

끈기가 있다고 응원해 주신 엄마와 송 화백이라 불러주신 김철호 은사님. 수채화의 물맛을 알려주신 최홍열 화백님께 감사드린다.
아직도 나는 꿈을 꾼다. 소중한 우리 무형문화 유산 김치를 널리 알리고 싶다. 건강한 먹거리인 김치가 가족의 사랑이라는 것을 더 많은 사람들에게 알려지길 바란다.

한국의 아름다운 문화가 세계 많은 사람들과 소통하는 날이 오게 되기를 소망한다. 나의 그림에 어머님의 손맛이 따뜻한 사랑으로 전해지길 바란다. 나의 붓질은 어머니의 사랑이고 그리움이다.

어떤 선물

2013년, 봄부터 김치 그림을 그리기 시작했다.

두 해 지나 어느 날 인사동 김치 박물관에서 가슴이 설레는 경험을 했다. 현미경을 통해 유산균을 보는 순간 쩌릿한 무언가를 느꼈다. 그때부터 엄마의 김치의 속에 보이지 않는 김치 유산균을 통해 전해지는 그리움을 그려 나갔다.

마음이 움직이는 대로 꾸준히 나만의 김치와 유산균을 그렸다. 엄마가 그리우면 그리울수록 더욱더 그림에 매진했다. 그림이 잘 안 그려질 때면 직접 김치 재료를 사다 담그기도 했다,

수행자의 기도처럼 오직 한길만을 바라보았다.

인사동 전시는 간절함이 내어준 기회인 듯 내게 울림을 주었다. 우연히 뜻밖에 '김치박물관 10주년 재개관전'으로 '보고 싶은 엄마. 김치'로 전시를 하게 되었다.

선물이다.

살아가면서 내가 받았던 선물과 내가 남에게 베풀었던 선물을 돌이켜보니, 넘치도록 과분한 사랑을 받은 것 같아 부끄러운 마음이 밀려왔다.

눈에 보이는 선물과 눈으로 볼 수 없지만 느껴지는 선물이 많을 텐데, 나는 늘 눈에 보이지 않는 선물을 너무 쉽게 간과하고 살아온 듯하다.

따뜻한 말 한마디. 다정한 미소, 상대를 배려하는 태도가 무형의 선물임을 깨닫게 되었다. 건강, 사랑. 희, 노, 애, 락, 햇빛 공기, 자연 등 감사하고 고마운 선물이 늘 곁에 있었거늘 당연히 있어야 할 것이라 여기면서 지냈던 것 같다.

전시하는 내내 내 자신이 참 많이 부족하였음을 느껴보는 성찰의 시간이었다.

나의 민낯이 고스란히 느껴지는 느낌이 들었다.

김치와 김치 유산균을 통해 많은 걸 느끼게 되었고 또한 어머니를 깊이 알게 된듯하다. 감사하다. 그리움을 통해 가족, 사랑 그리고 건강을 발견하고 우리 문화를 그릴 수 있음이 내겐 선물이었음을 느낀다.

'보고 싶은 엄마, 김치' 전시를 마치고 나니 더욱더 엄마가 보고 싶었다.
시간을 내서 '산소라도 다녀와야겠다'고 생각했던 날 꿈에서 엄마를 만났다.

"아~ 엄마 보고 싶었어요."
엄마는 꿈길에서 옛 모습으로 나를 품어 주셨다.
"책 쓰느라 고생 많았네."
여전히 따뜻하고 자애로운 모습으로 살포시 미소를 지으시더니 홀연히 사라지셨다.
꿈이었지만 너무 놀랍고 반가웠다.
하루 종일 내내 선물 같은 엄마의 해우가 화두가 되어 내 머리와 가슴속을 오가면서 일렁였다.

눈에 보이는 김치와 눈으로 볼 수 없지만 존재 하는 김치 유산균을 통해서 그리움을 전할 수 있음이 감사하다.

내가 늘 엄마의 자애를 가슴에 품고 살 듯이 엄마는 내게 늘 버팀목 같은 존재 이었고 언제나 곁에 계실 꺼라 믿었다. 그러던 어느 날 심근경색으로 하늘에 별이 되신 후 그 상실감은 이루 말할 수 없이 컸다.

그런데 그 상실감은 그리움이라는 별로 그 빛을 내 붓 끝에 머물게 하셨다.

김치박물관 10주년 재개관으로 '보고 싶은 엄마 김치'가 전시되어 시민들과 소통과 공감이라는 귀한 선물을 받았다.

엄마의 김치는 'K 문화'로 인사동에 오는 외국인들은 치즈나 혹은 와인처럼 가족을 떠올리는 매개가 되었다. 그리고 가족의 사랑을 생각하는 시간으로 소통되었다.

선물처럼 누군가에게 설렘과 울림을 줄 수 있는 대한민국의 향토화가 기억 되고 싶다. 이건 엄마의 김치가 나에게 준 선물이다. '김치는 그리고 엄마'는 작가로의 초심을 지켜주는 인생의 최고의 선물이다.

예술가로 산다는 것

작업실에 도착하면 라디오를 틀고 청소를 한 후에 차 한 잔을 마신다. 차 한 잔은 마음의 준비를 하는 첫걸음이다.

오롯이 '어떤 그림을 그릴까' 하며 늘 고민하게 된다.

하얀 종이를 마주할 때 마다, 해마다 전시 준비를 하면서, 내 마음의 대화를 그림으로 그려간다. 어떤 이야기를, 어떤 생각으로, 어떻게 담아내느냐는 화가의 몫인 것이다.

나는 내가 가장 그리고 싶은 것을 찾는다. 여러 번 스케치와 아이디어를 메모한다. 그런 생각들이 모이고 생각이 뚜렷해지면 그림에 색채와 스토리를 그려 나간다.

순간적인 떠오름이나 생각도 있겠지만, 수없이 그려내고 지워내는 과정을 통해 작업은 이루어진다. 수많은 지워짐을 통하고도 나의 마음속에 서서히 자리 잡는 잔상이나 기억을 표현하곤 한다.

따뜻하고 편안한 그림을 그릴 수 있도록 마음을 다독이곤 한다. 누군가에겐 그림이 취미일 수도 있지만, 전업 작가로 한길을 꾸준히 이어가는 이 길은 내겐 천직이다.

그만큼 그림에 대한 관심과 사랑이 크다. 지속 가능한 성실함이 수반되는 일이기에 고통과 번뇌와 마주해야 했다. 그러니 마음을 가지런하게 하는 일이 전업 작가에게는 필수적이다.

뼈를 깎는 아픔을 동반하지 않고서는 오롯한 그림을 그려낼 수 없다. 자기 자신과의 치열한 싸움임을 절실히 깨닫는다. 그리고 싶은 것과 마땅히 그려야 할 것들, 또는 그려야만 하는 것들에 마음을 똑같이 주기가 힘들어지기도 한다.

더욱이 문화를 그리는 일은 생각만큼 녹록지 못한 일이었다. 사명감과 뚝심도 때론 송두리째 흔들리고 뿌리째 흔들리고 아파하기도 했다. 역설적으로 일과 돈에서 자유로울 수 없기에 간절하고도 절실했던 것일까?

좋아한다고 쉽게 덤빌 수 있는 일은 결코 아니었다. '왜! 하필 김치를?' 그리냐며 사람들이 네게 던진 수많은 물음에 답해야 했다.

'그저 좋아서 그린다'하기엔 때론 무모해 보이기도 했으며 시간과 노력과 열정을 다했기에 여러 가지로 어려움이 많았다.

지난날을 돌이켜 보면, 김치라는 소재는 내겐 그 어느 것 보다 소중한 나의 정체성을 발견하는 고마운 소재가 되었음을 느끼고 있다. 그만큼 신중하게 고민해 보고 준비해 온 소재이다.

김치와 김치 유산균을 그려나가며 우리 문화예술의 고마움과 소중함을 알게 되었고, 나의 미술 세계와 내적 안목을 서서히 키워 나갔다. 표현하고 싶은 것을 용기 있게 시작하는데 이태라는 시간이 걸렸다.

방향성과 지속성이 있는 소재이기에 꾸준히 하고 싶었다. 더구나 새로 우면서 다양하고 창의적인 감각이어야 한다는 생각이 있었다. 막연히 좋아한다는 하나만으로는 쉽지 않은 도전이었다.

이론적인 것부터 미학적인 것까지 수없이 연구하고 김치를 탐색하며 연구했다. 색채, 맛, 영양적인 것 등, 내가 생각하는 김치를 소통하고 공감하려 했다. 모든 것이 새롭고 더욱이 다양하게 접해야 했지만 예술로 이끌어 가기에는 문턱은 높았다.

힘들고 어려울수록 노력하였다. 좋은 인연들이 이어지고 시나브로 그림에 매료 되었다. 하얀 종이 위에서 펼쳐지는 나의 김치 여행은 즐겁고 설렌 만큼 큰 두려움의 연속이었다.

때론 좀 더 잘해보자는 의욕이 앞서 생각과는 다른 그림이 그려져서 속상하고 안타까운 적도 있었다. 과유불급이라 했던가? 너무 채우려는 것보다 때론 비워져야 하며 적당하고 알맞은 순간 멈춰야 함이 더 어려웠다. 그 순간을 알아가기 까지는 길고 멀었다.

나는 특별하고 잘난 사람이 아니라 지극히 평범한 사람이다. 그런데도 나는 그림을 좋아하고 즐기는 사람이다. 적당한 거리에서 멀지도 아니하고 가깝지도 아니한 뚝배기처럼 성실하게 천천히 꾸준하게 나의 길을 걸어야 했다.

언제까지인지 몰라도 결코 쉽게 멈추지 않으며, 내면의 소리에 귀 기울여 가장 한국적인 김치의 맛을 그리고 싶다. 한국에서 예술가로 살아가는 것이 쉽지 않지만 나는 이 길이 행복하고 감사하다. 우리 문화 속에서 나를 발견하고 한국의 정과 어머니의 사랑을 표현할 수 있으니 참 좋다.

그림은 나에게 우주이며 화수분이다. 씨앗에서 싹을 띄우는 일은 매서운 추위와 시련을 이겨낸 고목과 닮았다. 오랜 기다림과 시간이 필요한 것처럼 화가의 길을 묵묵히 갈 것이다.

어릴 적 툇마루에 걸쳐 하얀 쌀밥에 김치 쭈~우욱 찢어 걸쳐 먹던 종갓집 이야기, 추억이 몽글몽글 피어나는 김치 이야기, 그 푸근한 풍경을 그려낸다. 동치미와 고구마의 환상 궁합과 총각김치를 철썩 걸쳐 먹던 어린 날의 이야기가 화폭에 피어 날 것이다.

너무 옛이야기에 빠졌다고 할지도 모른다. 하지만 가장 한국적인 것이 세계적인 것이라고 했다. 너무나 흔하고 당연하기에 담지 않았던 김치, 우리 문화의 소중한 가족의 사랑 이야기를 담아 낼 수 있는 향토 화가로서의 삶이라면 충분하지 않은가.

때론 힘들지만 그 고난조차도 너무나 감사하고 소중하다. 어떠한 어려움도 기꺼이 감수하며 우리 문화 그리는 예술가로, 김치 화가로 뚝심 있게 걸어갈 것이다. 인생은 짧고 예술은 길다 하지 않았던가. 짧은 인생 예술가로 살아간다는 것은 어렵지만 예술의 기다란 끝자락이라고 잡아볼 요량이다.

나를 나답게 해주는 존재

가끔 사람들이 내 삶에서 그림이 어떤 의미인지를 묻는다.

떼려야 뗄 수 없는 소중한 존재인데 '가장 나답게 해주는 존재'가 그림이라 답한다.

색으로 노래하고 때로는 색으로 아파한다.

내 삶의 희로애락을 함께 표현하는 고마운 존재다.

수채화를 하려고 큰 판넬 2개와 아로쉬 롤지(365g)를 준비했다. 100F호 크기의 판넬이 화방에서 작업실로 배달되었다. 아주 바쁘거나 특별한 경우가 아니면 직접 판넬 씌우기부터 나의 작업은 시작된다.

보통은 편리하기도 해서 화방에서 씌운 걸 주문해서 쓰기도 하기도 하는데, 나도 가끔은 화지가 써진 판넬을 주문하는 경우도 있다. 하지만 나는 직접 판넬을 씌워서 작업하는 것을 선호한다.

작가에게 팽팽하게 써진 화지를 정성스럽게 준비하는 과정은 작업의 시작이라고 생각했다. 판넬 작업은 번거롭지만, 나는 자신의 손길에 맞게 직접 판넬을 씌우는 일부터가 나만의 루틴이고 작업 정신으로 여겼다.

굳이 가격을 떠나 정성스럽게 얇은 모조지 한번, 아로쉬지 한번 해서 두 번의 화지를 작업한다. 이 작업은 기초로써 주춧돌 역할을 한다.

그림 그리기 작업의 준비로 마음을 먼저 잡는다. 기도하는 마음으로 판넬 앞에 선다. 100호(162x130 cm) 판넬을 2개를 꺼내고 아로쉬지를 2.5cm 여유 있게 재단하고 종이 위에 스프레이를 분사한다.

시간이 지나면 흠뻑 물을 먹은 아로쉬지는 빳빳한 종이에서 조금씩 유연해진다. 다시 한번 물을 뿌리고 붓으로 전체적으로 펴 발라서 고르게 흡수되도록 시간을 두면 종이가 더욱 유연해져서 판넬에 아로쉬지를 씌우기에 적당하게 촉촉해 진다.

인생과도 같다. 열정이 과하면 실수를 범하듯 종이도 과욕을 받아들이지 않는다.

판넬 크기에 맞춰 종이의 끝에 열을 맞춘 뒤 가운데 부분부터 맞춰 당기듯 타카를 박는다. 순간적인 탄성과 스냅을 이용하지 않으면 손목이 아프고 타카가 깨끗하게 박히지 않는다.

'타각타각'

타카를 박으면 경쾌하고 기분이 좋아진다. 잘 계획된 하루를 시작하는 느낌이 든다. 또한 작업의 시작을 알리며 그림에 집중할 수 있는 마음을 가지런히 하고 생각을 집중한다.

농부의 발걸음 소리를 듣고 벼가 자라나듯이 작가의 작업하는 자세에서 좋은 작품이 그려질 수 있다고 생각 되어서이다.

말랑말랑했던 종이가 수분이 증발하면서 팽팽하게 판넬에서 가지런히 펴진다. 잘 마른 판넬 이 잘 지은 곡식처럼 느껴진다.

그림을 그릴 때에는 앞치마를 제외한 어느 것도 치장하지 않고, 옷도 가장 허름하고 편안한 옷을 입는다. 붓질에 조금이라도 방해가 될 만한 모든 것을 치우고, 오로지 그림만이 존재하는 환경을 만든다.

내 나름의 성찰이며 정도를 걷고자 하는 마음 자세이다. 머리끈으로 질끈 동여매고 앞치마를 착용하고, 오로지 그림에만 집중한다.

보통 소품인 경우 이젤 앞에 의자를 두고 앉아서 그릴 수도 있지만, 대작인 경우 그렇게 하면 왠지 작업에 소극적으로 몰입되는 것 같아 바닥 작업을 선호한다. 전체적인 흐름을 잡기 위해 무릎을 굽

히고, 아로쉬지를 전체적으로 올려보기도 하고, 그림을 세워 떨어져서 전체 분위기를 맞추기를 수없이 반복한다.

　인생의 고갯마루를 오르며 헐떡이는 숨이 종이 위에 내린다.
　틈틈이 아이디어 스케치는 물론 나만의 색감을 연구하는데 시간을 몰두한다. 때로는 작업 시작 전에 조용히 커피 한잔을 마시며, 나름대로 완성작을 떠올리기도 하고, 스케치를 하면서 전체적인 흐름을 잡아 나간다. 아로쉬지는 세목, 중목, 황목이 있는데 굵은 입자에 거칠은 마티에르가 느껴지는 황목을 주로 선호하는 편이다. 내 성향이 그래서일까, 분에 넘치는 덧칠도 나와는 어울리지 않고 괜한 넘침도 싫은 까닭이다.

　물감은 그림에 들어갈 순서대로 배열하고, 밝은 색부터 어두운색으로 채색한다. 수채화로 물과 종이의 성질을 이용하여, 적절한 방법으로 표현하고 싶은 색을 나타내는 것이다.
　굳이 수채화를 선택한 것은 수채의 맑고 투명함이 좋아서였다. 그리움을 표현하기에 적절했다.
　수채화는 쉽게 시작하지만 점점 깊어질수록 어려움을 느낀다. 그만큼 까다롭고 예민하여 좀처럼 허투루 자리를 내주지 않는 점이 나와는 맞는다. 살살 달래며 여러 가지로 노력을 하면 색조는 조금씩 결을 내준다.

유화나 아크릴은 액자를 하지 않아도 될 때가 있는데 수채화는 소품으로 액자를 많이 한다. 아크릴이나 유화보다 덜 선호하며 그림값으로 치면 저렴한 편이다.

그림을 그려보니 수채화의 단점을 장점으로 구상 할 수 있다. 누구나 쉽게 할 수 있지만 깊이 가기 어려운 그 길을 나는 언제까지 가려한다.

수채화의 물맛과 깊이는 참 매력 있다. 인생이 그러하듯이, 때로는 고달파도 웃는 날 이 반드시 오는 것처럼 하면 할수록 그리면 그릴수록 어려운 것이 그림 인 것 같다.

내게는 인생의 선물이 그림이다.
그 선물이 얼마나 귀하고 소중한지 나는 느끼며 산다. 어릴 적에 그림 그리는 화가로 살고 싶은 꿈이 현실이 되어 날마다 색채와 여행하고 있음은 감사한 일이다.

하늘에 떠 있는 구름, 공기, 새, 아름다운 꽃과 이야기들을 붓질로 노래할 수 있어 무한히 감사하다. 그리움은 나에게 와서 꽃으로 피어났다. 꽃은 적당한 긴장처럼 적정하게 팽팽하게 피어 기다렸던 판넬은 곡식처럼 하나하나 수확된다.

이제는 수확된 판넬에 그리움을 담아 밥을 지어야 한다. 엄마의 김치와 유산균은 함께 시나브로 붓끝에서 열정으로 점점 익어갈 것이다.

행복과 행운이 머무는 곳

첫 번째 개인전 이후 서울 잡지사에서 인터뷰 요청이 왔었다.

"안녕하세요, 뉴스메이커 기자인데요. 송 작가님 인터뷰를 하고 싶은데 통화 가능하신가요?

그림 그리는 곳은 어디 신가요? 네, 작업 하는데요"

"작업실이 없는데요. 집에서 그려요."

"아~, 그럼 실례지만 댁으로 찾아뵈도 될까요"

"아, 그럼요, 네~ 알겠습니다. 주소는 문자로 전해드리겠습니다."

인터뷰 요청을 받은 후 남편과 주말에 집을 정리하느라 꼬박 이틀이 걸렸다. 개인전을 꾸준히 하는 작가는 작업실이 있는 작가들이 대부분이다.

서울 인사동 에서 첫 번째 개인전을 하고 많은 인터뷰 요청이 왔다. 신문사. 잡지사 등... 수많은 요청을 거절했다가 이번에는 두 계절을 기다려준 기자님의 간곡한 요청에 인터뷰 요청을 수락했다.

아파트에서 아이들을 가르치며 5년을 집에서 그렸었다. 주거를 목적으로 했지만 우리집은 화실까지 겸하는 나의 작업실이었다.

2016년 가을, 서울에서 집으로 인터뷰 오신 뉴스메이커 기자님이 오신 후 2017 대한민국혁신리더 최우수 작가상을 수상했다. 수상을 계기로 속전속결 작업실 구하기가 시작되었다.

작업실은 작가의 생활과 작업이 분리되는 것이며, 더욱 편안하고 자유롭게 그림 그리기에 몰두 할 수 있는 곳이기에 의미가 깊은 공간이다.

2017년 봄날 동내 산책하다 우연히 빈 2층 상가를 발견하였다. 이리저리 살펴보고 적당한 듯싶어서 이것저것 알아본 후에 얻기로 했다.

작가로서의 입지를 다질 수 있는 좋은 여건이 되는 것이다. 청주 산남동 집 근처 15평 작업실을 얻어 송보영 수채화 간판을 걸었다.

비가 오나 눈이 오나 7년 동안 거의 빠짐없이 출근하여 그림을 그렸다. 방과 후 미술 두 군데 와 오후에 충북교원수채화연구회 동아리 지도를 했다. 첫 번째 공간은 성실함을 다지는 공간이었다.

그 후 시전 공모전과 대한민국미술대전과 개인전 단체전과 작품이 쌓이다 보니 15평의 공간이 너무 비좁아 이사를 하기로 결정하였다. 100호 네 점을 이어서 그리는 대작을 할 때는 세우고 눕히고를 반복하였고 작업을 하면서 공간이 비좁아서 힘들고 어려웠던 생각이 났다.

막상 이사 하려고 하니 그동안 다사다난 했던 추억들이 하나둘씩 떠올랐다. 특히 이곳에서 그렸던 작품을 장수미술관개인전, 중원대 박물관 기획 개인 초대전은 내 인생에 선물 같은 뜻밖의 일이었다. 지금 생각해 봐도 살포시 미소가 지어진다.

여름은 덥고 겨울은 칸이 나뉘어 있었는데 작업하면서 늘 추웠다. 그런데도 그림이 좋아서 그렸었고 끊임없는 노력을 했던 지난날이 감사하다. 그곳에서 때론 힘들고 어려운 일도 있었지만 이 또한 자양분이 되었다. 맨 처음 그림을 그리면서 만든 첫 번째 작업실이 통창이라 2층에 초록빛과 사계절이 보여서 좋았다.

두 번째 공간도 잘 구해지려나 걱정되었다. 집 근처에서 버스로 5분~10분 거리까지 최대한 이동 거리가 가까운 곳부터 근교까지 구석구석 발품을 팔아 적당한 장소를 물색했다. 이번 만큼은 좀 더 신중하게 오래 있을 곳이라서 여러 곳을 곳곳을 다녔다.

나의 간절한 마음을 하나님께서 아셨는지, 빈 상가로 통풍이 잘되는 마땅한 2층 39평 공간이 눈에 들어왔다. 100호 작품이 많아 이사 짐 센터에서도 견적을 많이 불렀다. 여러 곳을 부른 이유는 작품이 많아 이사비가 꽤 많이 나왔다. 예산을 정해 놓아서 여건이 맞는 업체를 겨우 찾아 이사를 하기로 결정했다.

오시는 분마다 그림이 많다고 깜짝 놀랐다. 그림이 3톤, 이삿짐은 2톤이라 추가 금액을 주고 이사를 했다. 이사 짐 업체에서도 놀랐다.

칸막이 철거 장판, 도배, 싱크대 견적 등등 절약할 수 있는 부분은 절약하고, 페인트칠은 직접 동생과 칠했다. 우리 둘이 작업하기에 가장 편한 모습을 염두에 두고, 동생은 서양화로 나는 수채화로 성인들만 대상으로 그림지도하고 작업할 수 있도록 깔끔 단출하게 정리하였다.

'크로바 화실'로 이름을 지었다. 크로바 잎이 세 개일 경우 행복, 네 개일 경우 행운이 머무는 곳이라 했다. 행복과 행운이 함께 하자는 뜻으로 '크로바 화실'이라는 이름을 붙였다.

우리 집에서 걸어서 10분 거리, 동생 아파트에서 걸어서 10분 거리 딱 적당한 거리이다. 2층에서 바라보는 통창이 좋고, 여름은 시원하며 겨울에는 보일러가 들어와 따뜻하다. 겨울에도 맘껏 작업할 수 있어서 참 좋았다.

서양 화실, 수채 화실, 주방, 화장실, 그리고 사무실로 사무실 적당하게 분리해 공간을 정리하고 100호 작품을 정리하는 작품 보관실을 따로 두었다. 간판 글씨체는 손 글씨 작가인 윤은화 작가님의 캘리채로 초록에 흰 글씨체로 하였다. '크로바 화실'로 간판을 달아두니 자꾸만 눈이 간다.

하나하나 동생과 준비하여 우리만의 새로운 공간을 만들고 있다. 행복과 행운도 함께 하길 소망하며, 같이 그림 그리고 만나는 분들과 좋은 관계를 오래오래 이어나갈 수 있도록 성실히 노력할 것이다. 크로바 화실에서 우리의 꿈이 자라고 멋지게 성장하기를 소망한다.

슬럼프를 타고 넘다

세상을 살다 보면 수없이 많은 슬럼프가 온다. 삶도 그러하고 그림도 그러하다. 정신없이 살다 보면 슬럼프가 뭔지도 모르고 있다가 그 일에 욕심이 과해지거나 생각한 대로 되지 않을 때이다.

그것은 그림에만 한정된 것은 아니다. 뭐가 뭔지 잘 모를 때에는 오히려 초심자의 마음으로 '괜찮겠지, 천천히 하면 되. 아~ 이런 것도 있네.'하며 조심스럽게 한다. 그러다 이내 점차 사람들은 방심하게 된다.

'왜~ 이렇게 나만 안 되는 거지~, 짜증이 나~' 하며 슬럼프를 느낀다. 요즘처럼 급변하는 시대에는 더욱 더 그런 듯싶다.

그림도 처음에는 '그래~ 한번 해보자, 하면 되겠지' 하다가, 무언가 잘 그려지지 않고 생각 먹은 대로 안 되면 무척 답답하고 지겹다고 생각된다. '안 되나 봐~, 아이 그냥 포기할까~' 하게 된다.

그림, 음악. 운동은 천천히 꾸준히 즐기다 보며 서서히 스며드는 것 같다. 급하게 한 번에 무언가를 해보려 하면 쉽사리 자리를 내어 주지 않는다.

슬럼프는 신이 어떠한 일에 자만하거나 방관 하지 말고 겸허하게 살아가라는 선물인 듯싶다. 진흙 속에 피어나는 연꽃처럼.

그 어려움을 이겨내고 노력해 본 자만이 그 열매가 얼마나 달고 값진 건지 알게 된다. 우리의 삶은 이렇게 뚝배기처럼 서서히 끓어 오르고 오랫동안 유지해야 한다.

나 또한 수없이 슬럼프에 직면해 왔다. '소질이 없는 걸까, 이렇게 늦게 시작해도 되는 걸까?' 하고 자문해 보기도 했다.

좋아하는 일이지만 반복되는 일상이 나의 의지와 상관없이 때로는 힘없이 흔들리기도 했다. 경제적인 부분도 나를 흔들리게 하는 데 한몫했다. 돈이 안 되는 그림이 왜 이렇게 소중하고 절실한 걸까 혹은 끝까지 포기하지 않고 갈 수 있을까 두렵기도 하였다.

그럼에도 이 길을 꾸준히 할 수 있었던 것은 나를 믿고 지지해 준 따뜻한 가족, 친지 화우, 문우, 그리고 선생님, 기자님, 관장님께 감사드린다, 아낌없는 응원과 어머니에 대한 그리움을 김치로 유산균으로 그리고 싶은 진심이었다. 무형의 선물을 주신 엄마께 그리는 사모곡은 여전히 계속된다.

그림에서 슬럼프가 다가오면 외면하거나 피하지 말고 정면 승부로 유연하게 다른 방법을 찾아보길 권한다. 가까운 미술관, 박물관 등 전시장을 찾아보거나 아는 작가의 작업실을 탐방하거나 바다나 산으로 가서 자연과 함께 하는 시간을 갖는 것도 좋다.

그림을 좋아하는 분이면 출사를 가도 좋고 아트페어나 갤러리에 들러 전시를 관람해도 좋다. 영화를 보거나 공연. 뮤지컬 등 갖가지 문화행사에 참여하는 방법도 좋다.

시원한 바람, 소중한 공기, 이름 모를 풀꽃이 말을 걸어준다. 편안한 사람들과 식사와 차 한잔으로 마음이 충전되는 경우가 많다. 조용한 오솔길도 걸어보고 풀벌레소리. 햇살이 가득한 초록 초록한 자연이 위로가 되어준다. 책 한 권, 좋은 음악이 함께면 더욱 좋다.

슬럼프는 극복하라고 있는 것이다. 어려움 속에서 한 걸음씩 걷다 보면 길이 보인다. 조금 돌아서 올지도 모른다. 하지만 천천히 그리고 꾸준히 그림과 친구 삼아 따뜻한 동행을 하고 있다.

나는 스스로에게 말한다. '슬럼프가 때때로 오더라도 무서워하거나 두려워 말자. 슬럼프를 타고 즐기자. 내 삶에 주인공은 되도록 의연하고 씩씩하게 한 걸음 한 걸음 나가자.'

배추꽃,
그리움이 피어나다

　7번, 대한민국 미술대전 입선을 했다. 그리고 대한민국 미술대전 구상을 이번에 준비하는 작품은 기존과는 달라야 한다고 나름 계획했다.

　지난해 가을 배추밭에서 찍어온 소재를 가지고 아이디어를 스케치했다. 매번 느끼는 거지만 유난히 꽃처럼 피어난 초록빛배추가 나에게는 그 어떤 꽃보다 아름답게 스며들었다.
　농사지어 수확한 후 남은 배추에 서설이 쌓인 모습이 선명하게 다가오기도 했다.

어릴 적 배추 가득한 마당에서 하얀 소금으로 속을 절이시던 엄마의 모습이 그리워지는 걸 보니 나이가 들면서 더욱 더 그리워지는 걸, 이하얀 아로쉬지 안에 어떻게 표현해야 할까?

'그래~, 큰 게 아니라 소확행이다.'
작지만 내겐 너무나 소중한 추억들이 많았던가.

더할 것도 없고 뺄 것도 없이 담백하고 순수한 마음을 화폭에 담아보자.
100호 아로쉬지를 씌우고 하얀 여백을 보며 간절히 기도했다.
이대로의 마음만 담을 수 있게 해달라고.
비구상으로 유산균을 그리다 막상 구상을 그리려니 조금은 낯설었다. 100호를 그리면서 어릴 적 김장하던 모습을 기억 안에서 소환해 예술로 승화해야 한다.
농사를 지으실 때 땅은 주인의 발걸음을 보고 자란다고 하신 말씀도 떠 올렸다. 엄마의 말씀처럼 화가는 화실에 머문 시간만큼 그림에 남겨질 거라는 생각이 들었다. 잠시나마 겸손해지는 순간이었다.
간절한 마음을 담아 정성을 다해서 배추를 한 송이 꽃으로 투영해서 수채화의 물맛이 나도록 표현했다. 보고 또 보고 처음부터 끝까지 완성작이 될 때까지 최선을 다했다.

2021. 8. 30. 올해 여덟 번 째 도전에서 처음으로 대한민국 미술대전에서 입선만 하다가 특선을 했다. 해마다 8월 생일이면 선물처럼 받은 상이 하늘에서 내린다. 엄마가 주신 선물인 것 같아 마음이 뭉클하다.

그림을 그리는 내내 엄마는 내 마음속에서, 내 손 끝으로 붓질을 하셨으니까.

아픈 언니를 뒤로 하고 갑자기 심근경색으로 돌아가시며 힘드셨을 엄마를 생각했다. 그림으로 몇십 배 축복받는 선물을 받았다는 생각이다. 엄마에게 마음의 편지를 적었다.

'엄마, 엄마가 꿈에서 보여주신 아로쉬지로 동생과 함께 아름다운 동행을 하고 있어요. 어릴 적처럼 끈기가 있다고 칭찬해 주시리라 믿어요. 그림에서는 끈기가 참 중요하더라고요. 저에게 끈기가 참 좋다고 하셨지요. 엄마 말씀대로 최선을 다하니 길이 보이고 오색찬란하게 김치 꽃이 피고 있어요.

어렵고 힘들 때마다 또 생일마다 상으로 나를 응원해 주시는 것 같아 큰 힘이 되었어요. 이제 대한민국 미술대전 초대작가가 되었어요. 머리 한 번만 쓰다듬어 주세요.

앞으로 힘든 사람에게, 아픈 사람에게 따뜻하고 위안이 되는 좋은 작품을 그리고 싶어요. 그러면서 엄마의 최선을 다하시던 모습을 꼭 닮아가고 싶어요.'

_배추꽃 그리움이 피어나다 162×130㎝ Watercolor on paper 2021(구상 특선작)

후손들에게

사랑하는 너희들에게

언젠가 너희가 이글을 읽을 날이 오길 바라며
나는 오늘도 김치 그림을 담고 있다.

이 그림들 속에는 단지 배추와 고춧가루, 양념의 색만 있는 것이
아니란다.

이곳엔 외할머니의 손맛, 마당 깊은 집에 배어 있던 추억, 칠 남매
를 먹이기 위해 새벽부터 일어나던 할머니의 생애가 녹아 있다.

투박한 손은 물에 젖고, 소금에 절여져 매운 양념에 물들었지.

그 손의 기억이 지금 이 나의 붓끝으로 이어지고 있단다.

너희는 김치를 담그지 않을지도 모르겠다.

마트에서 사고 배달해서 먹는 것들이 더 익숙할지도 모르지.

아니 김치를 식탁에서 빼놓을 수도 있을는지 모르겠다.

그렇다고 해서 김치가 너희 삶에서 사라지는 건 아니란다.

왜냐하면 김치는 단지 음식이 아니라 우리가 서로를 기억하는 방식이고, 기다림과 정성, 시간을 함께 나누는 마음의 풍경이 고스란히 깃들어 있음이다.

나는 그림으로 그걸 너희들에게 전하고 싶단다.

화려하지 않아도 좋고 완벽하지 않아도 좋다.

그저 이 그림을 보았을 때

'아. 저건 엄마 같아. 할머니 같아, 나의 뿌리 같아.'라며 한 번쯤 깊은 울림으로 다가올 수 있었다면 마음이 울컥 하면 그것으로 충분하단다.

너희가 언젠가 이 내가 그린 그림들을 마주하게 된다면 그건 단지 미술관에 걸린 그림이 아니라 우리 가족의 이야기, 한국 여성의

삶 그리고 다음 세계로 이어진 '맛'과 소박한 어머니들 나름의 '맛'
을 떠올리기를 바란단다.

내가 그린 김치의 속에는 말하지 못했던 사랑, 닿지 못한 손. 기다
림 끝에 비로소 익어가는 마음이 담겨있다. 나는 좋아하는 것을 끝
까지 포기하지 않았으며, 잊혀가는 추억과 사람 냄새가 나는 따뜻
한 울림이 있는 그림을 그리고 싶었단다.

느리지만 천천히 꾸준하게 그림을 그리고, 삶도 곰삭듯이 살아왔
단다.

언젠가 너희가 자기 길에서 외롭고 막막하다고 느껴질 때 이 글이
작은 위로가 되었으면 좋겠구나. 삶은 맛있는 김치처럼, 기다릴 줄
아는 사람에게 가장 깊은 맛을 내 주니까.

아이들아, 이 할미가 너의 길을 사랑하고 응원하마.

할머니가

살다보니

살다보니
그리움은 눈으로 볼 수 없지만
아련하게 아릿하게 때때로 피어났습니다.
좋은 것이 좋은 것만은 아니었고
나쁜 것은 나쁜 것만이 아니었습니다.

살다보니
지는 것이 이기는 거란 말이
어떤 의미인지 알게 되었습니다.
가진 것이 없어도 마음이 부자일수 있고
다 가졌다 해도 가난할 수 있음을 이제 알았습니다.

살다보니
돈으로 살 수 없는 소중한 것들이 너무도
많다는 것을 알았습니다.
넘침은 비움보다
더 못하다는 것을 알았습니다.

살다보니
꽃에서 나는 향기보다
사람에서 더 깊은 향기가 나는 걸 알았습니다.
죽음은 끝이 아니라 새로운 시작으로
가는 길임을 알게 되었습니다.

작품 해설

사실성과 추상성을 조합한
다채로운 김치의 변주

-신항섭(미술평론가)

케이팝으로 시작된 한류가 전방위적으로 확장되고 있다. 한국 팝에 대한 열풍이 문화예술 전반으로 확장되면서 전통문화에도 그 영향을 미치고 있다. 전통 복식이나 전통 한식에 이르기까지 폭넓은 관심을 받으며, 한국은 바야흐로 국제적인 관심의 중심에 서게 됐다. 특히 전통 음식 가운데 김치에 대한 외국인의 반응은 가히 폭발적인 양상이다. 김치 그 오묘한 맛에 취한 외국인들은 김치 레시피를 보고 집안에서 직접 담가 먹을 정도로 그 열기가 높다.

송보영은 이러한 국제적인 반응을 예견이라도 했다는 듯이 김치를 소재로 그림을 그린다. 김치는 발효음식으로서 한민족의 오랜 전통문화의 한 자리를 차지한다. 김치는 배추김치를 비롯하여 백김치, 총각김치, 물김치, 동치미, 깍두기, 파김치, 갓김치가 말해주듯이 그 종류만 해도 수백 가지에 달한다. 숙성 김치는 물론이려니와 겉절이나 생채처럼 만든 뒤 곧바로 먹는 생김치 종류 또한 수없이 많다. 이를 통해 알 수 있듯이 배추와 무는 그렇다 치고 김치 재료로 쓰는 파와 부추 마늘 등 그 종류가 아주 많다.

이렇게 볼 때 그가 김치를 소재로 택한 건 탁월한 선택이지 싶다. 적어도 소재 고갈에 직면할 일은 없겠기에 말이다. 음식이 그림의 소재가 된 건 새삼스러운 일은 아니다. 서양화에서는 아주 오래전부터 음식이 그림의 소재가 됐다. 과일과 빵은 물론이려니와 소고기와 양고기, 닭고기, 오리고기 따위의 육류와 포도주가 빈번하게 그림 속에 등장한다. 따라서 하고많은 소재가 있음에도 왜 하필 김치인가 하는 의문은 금세 지워지고 만다. 김치는 우리의 음식 가운데 가장 긴요한 먹거리이기도 하다. 김치가 없는 세상이란 한민족에게는 상상조차 할 수 없는 일이다. 한마디로 김치 맛은 '인 박혔다'라는 표현이 말하듯이 한국 민족의 뿌리 그 한 축을 담당한다. 한국 민족의 정체성과도 연관성이 있음은 물론이다.

그가 그림을 그리면서 김치를 소재로 삼게 된 동기는 아주 단순하다. 돌아가신 어머님을 생각하게 되면 김장철마다 수백 포기의 김치를 담는 모습이 먼저 떠올랐다. 다시 말해 '어머니' 하면 곧 '김치'가 오버랩하는 연상작용이 수없이 되풀이되면서, 어머니에의 그리움을 김치 그림으로 풀어내게 되었다. 그렇게 시작됐지만 김치라는 보편적이지 않은 음식이라는 소재에 대한 선입견을 어떻게 불식게 하는가가 관건이었다. 김치는 자연풍경이나 꽃 그리고 과일처럼 시각적으로 아름다운 소재와는 확실히 다른 정서를 가지고 있다. 보는 사람에 따라 다른 감정을 느끼겠지만, 보편적인 소재에 익숙한 눈에는 낯설게 느껴지는 건 어쩔 수 없을 터이다.

그런데 전시를 통해 작품을 발표했을 때 기대 이상으로 반응이 괜찮았다. 낯선 소재에 대한 호기심과 더불어 김치도 그림이 될 수 있다는 사실에 반색했다. 이런 반응에 용기를 얻어 김치 그림에 점차 깊이 빠져들었다. 처음에는 김치를 사실적으로 재현하는 데 의미를 두었다. 실제로 보는 바와 달리 알록달록한 채색으로 마무리하니 제법 볼 만한 그림이 되었다. 여기에서 용기를 얻어 작업하다 보니 10여 년이 지났고, 이제 '김치 작가'라는 별호가 자연스럽게 받아들여지게 됐다.

김치 그림을 시작하는 단계에서는 김치의 실제 모양을 아름답게 표현하는 데 집중했다. 그러다가 회화적인 표현에 관심을 기울이면서 격조 있는 그림으로 진화하고 있다. 물론 여전히 사실적인 묘사가 큰 비중을 차지한다. 그릇에 담긴 김치를 소재로 하는 작품에서는 회화적인 표현보다는 보다 실감 나는 표현에 치중한다. 그림으로만 보더라고 군침이 도는 그런 사실성을 강조한다. 포기 채 그대로 놓거나 썰어 놓은 김치는 그렇게 아름답게 보이지는 않는다. 그런데 그릇에 담아 놓으면 얘기가 달라진다. 백자나 질그릇에 담긴 김치는 돌연 아름다운 모양으로 변신한다. 이는 아름다운 한복을 갖추어 입으면 모두가 아름답게 보이는 이치와 다르지 않다. 고춧가루와 여러 가지 양념이 함께 하는 김치는 색채 이미지만으로도 매우 아름답다. 여느 정물 소재와는 전혀 다르게 마치 살아 있는 듯싶은 생생한 형태미로 다가 오는 것이다.

그는 이처럼 아름다운 김치를 하얀 그릇에 정갈하게 담아 화면에 어떻게 배치하는가를 고민한다. 화면에 김치가 놓이는 자리에 따라 시각적인 이미지는 물론 정서가 달라지기 때문이다. 일반적으로 정물 화에서 소재는 화면 중심에 놓인다. 화면 중앙은 가장 안정적으로 보이기 때문인데, 그는 이러한 일반성에서 벗어나 한쪽으로 치우쳐 배치한다. 이는 공간적인 비례를 의식한 배치방식이다. 그뿐만 아니라 배경을 초록색이나 갈색으로 처리함으로써 현실성을 소거한다. 단색 조의 배경은 현실감각을 차단함과 동시에 조형적인 아름다움을 강조 하기 위해서이다.

이와 함께 김치의 재료인 배추와 무 그리고 순무를 회화적인 이미지로 변환하기도 한다. 이들 재료를 사실적으로 묘사했을 때 아름다운 모양과 색깔을 가진 꽃이나 과일과 같은 시각적인 즐거움을 느끼기는 어렵다. 그런데 사실성을 살짝 벗어나거나 부분적으로 추상적인 이미지를 보탰을 때 배추나 무는 전혀 다른 이미지로 바뀐다. 동일한 소재인데 조형적인 해석에 따라 그 이미지가 확연히 달라진다. 이야말로 조형의 마술이다.

사실적인 형태를 부수거나 비현실적인 색채이미지로 표현한 배추, 무, 순무는 회화적인 미로 치장함으로써 꽃이나 과일보다 더 아름다울 수 있음을 보여준다. 이는 순전히 그 자신만이 구축한 조형감각의 소산이다. 그러고 보면 그는 소재가 무엇이든지 조형적으로 아름답게 바꾸어 놓을 수 있는 특별한 감각 및 기술을 습득하였음을 알 수 있다. 그 비밀은 무엇일까.

김치를 소재로 한 일련의 그림은 모두 색채가 짙고 강렬하다. 이처럼 짙고 강렬한 발색을 구사하는 색채감각이야말로 그에게 주어진 조형의 비밀인지 모른다. 색채가 비현실적으로 짙으면 시각적으로 불편하게 보이기 마련인데 그의 그림에서는 그런 위험성조차 개의치 않는 듯이 보인다. 그래서일까. 과장된 색채임에도 불편하게 느껴지지 않는다. 강렬한 원색적인 이미지, 더구나 담대한 보색대비를 즐기고 있는 걸 보면 기존의 조형적인 상식을 깨뜨리는 도전정신으로 무장되어 있다는 얘기다.

회화성이 돋보이는 10m에 달하는 대작에서는 강렬한 원색과 보색대비가 시선을 사로잡는 가운데 추상적인 이미지가 화면을 장악한다. 배추와 고추 그리고 유산균으로 연결되는 이 작품에서 소재는 추상적인 표현으로 인해 그 존재감이 미미해질 정도이다. 수채물감이라고는 믿을 수 없을 만큼 그 존재감이 뚜렷한 색채이미지와 역동적인 수채물감의 표현력이 강렬한 에너지를 발산한다.

이번 전시회에는 몇 가지 특별한 변화가 있다. 그 가운데 하나는 김치의 재료인 배추나 무나 순무가 아닌, 그 꽃을 소재로 채택했다는 점이다. 다시 말해 배추꽃이나 무꽃 그리고 부추꽃, 파꽃과 같은 꽃으로 대신한다. 김치와 연관시키지 않으면 그저 꽃 그림일 뿐이다. 이는 아주 기발한 착상이다. 김치에서 그치지 않고 다음 생을 기약하는 꽃으로 김치의 향기를 퍼뜨린다는 아주 유쾌한 설정이다. 물론 아이디어의 참신함과 함께 순환하는 자연의 섭리를 일깨우는 철학적인 성찰을 은유한다. 이는 김치라는 소재에 격조를 더하는 숨겨진 메시지인 셈이다. 창작에 관한 그의 아이디어는 마치 화수분처럼 끊이지 않는다. 김치가 가지고 있는 시각적인 이미지를 시작으로 하여, 그 재료는 물론 그 꽃으로까지 확장되는 소재는 마침내 시각이 미치지 않는 미시 세계에까지 이르고 있다.

김치는 발효를 돕는 무수한 미생물에 의해 새콤한 맛을 즐길 수 있게 된다. 비록 눈에는 보이지 않을지언정 김치를 발효시키기 위해 분주하게 일하는 미생물인 유산균은 마치 누에고치를 연상케 한다. 유산균이 층층이 자리하는 광경은 이제까지 보지 못한 새로운 형태의 비구상 또는 추상회화임을 부정할 수 없다. 곡선과 볼륨으로 이루어진 유산균은 심연과 같은 공간에서 자유롭게 유영하는 유기체의 아름다움을 여실히 보여준다.

이를 단지 과학의 산물일 뿐이라고 일축할 수 없는 건, 거기에 새로운 미적 체험을 유도하는 조형적인 참신성이 존재하기 때문이다. 미시의 세계를 현실처럼 착각하게 만드는 밀도 높은 표현력이 미지의 세계와 우연히 만났을 때, 화가의 미적 감수성은 어떻게 반응하는가를 증명하려는 듯싶다.